LES EXPOSANTS

DU DÉPARTEMENT DE L'AUBE

EXPOSITION UNIVERSELLE DE 186

RECUEIL

DES

RAPPORTS & COMPTES RENDUS

Avec la Liste des Récompenses obtenues

Publié sous les auspices

DU COMITÉ DÉPARTEMENTAL DE L'AUBE

PAR

ARGENCE, MAIRE DE TROYES, *Président*,
et M. H. BLERZY, *Secrétaire du Comité*

PARIS
IMPRIMERIE ADMINISTRATIVE DE PAUL DUPONT
41, RUE JEAN-JACQUES-ROUSSEAU, 41
—
1869

LES EXPOSANTS

DU

DÉPARTEMENT DE L'AUBE

A L'EXPOSITION UNIVERSELLE DE 1867

LES EXPOSANTS

DU

DÉPARTEMENT DE L'AUBE

A L'EXPOSITION UNIVERSELLE DE 1867

RECUEIL DE RAPPORTS ET COMPTES RENDUS, AVEC LA LISTE
DES RÉCOMPENSES OBTENUES

PUBLIÉ SOUS LES AUSPICES

DU

COMITÉ DÉPARTEMENTAL DE L'AUBE

PAR

MM. ARGENCE, MAIRE DE TROYES, PRÉSIDENT,
ET H. BLERZY, SECRÉTAIRE DU COMITÉ.

PARIS
IMPRIMERIE ADMINISTRATIVE DE PAUL DUPONT
41, RUE JEAN-JACQUES-ROUSSEAU (HÔTEL DES FERMES)

1869

LES EXPOSANTS

DU

DÉPARTEMENT DE L'AUBE

À L'EXPOSITION UNIVERSELLE DE 1867

[illegible]

[illegible]

[illegible]

PAR LE

COMITÉ DÉPARTEMENTAL DE L'AUBE

PAR

M. [illegible]

ET M. [illegible]

TROYES

[illegible]

[illegible]

1867

EXPOSITION UNIVERSELLE DE 1867

A PARIS

Extrait du règlement général de la Commission impériale, approuvé par décret impérial du 12 juillet 1865.

ART. 3. Dans chaque département de l'empire français, la Commission impériale constituera un comité départemental, qui aura pour mission :

1° De faire connaître dans toute l'étendue du département les mesures concernant l'organisation de l'Exposition, et de distribuer les formules de *demande d'admission* ainsi que les autres documents émanant de la Commission impériale;

2° De signaler les principaux artistes, agriculteurs et manufacturiers, dont l'admission à l'Exposition universelle semblerait particulièrement utile à l'éclat de cette solennité ;

3° De provoquer les expositions de produits agricoles du département;

4° D'instituer une commission de savants, d'agriculteurs, de manufacturiers, de contre-maîtres et autres hommes spéciaux, pour faire une étude particulière de l'Exposition universelle et pour publier un rapport sur les applications qui pourraient être faites, dans le département, des enseignements qu'elle aura fournis ;

5° De préparer, par voie de souscription, de cotisation et par toutes autres mesures, la création d'un fonds destiné à faciliter la visite et l'étude de l'Exposition universelle aux contre-maîtres, cultivateurs et ouvriers du département, et à subvenir aux frais de publication du rapport.

En vertu de divers arrêtés de la Commission impériale, le comité départemental de l'Aube fut constitué ainsi qu'il suit, à partir du mois d'août 1866 :

MM. ARGENCE, Maire de Troyes, *Président*.

FONTAINE (Félix), Président du Tribunal de Commerce, à Troyes, *Vice-Président*.

BLERZY, Inspecteur des Lignes Télégraphiques, à Troyes, *Secrétaire*.

SAUSSIER (Louis), Juge au Tribunal de Commerce, à Troyes, *Secrétaire-adjoint*.

BERTHERAND, Membre du Conseil général, à Chacenay.

DOSSEUR, Membre du Comice agricole départemental, à Saint-Parres-lès-Tertres.

DOUINE (Hippolyte), Filateur, à Troyes.

FERRAND-LAMOTTE, Président de la Chambre de Commerce, à Troyes.

FRÉROT (Abraham), Fabricant de Bonneterie, à Troyes.

GAYOT (Amédée), Membre de la Société Académique, à Troyes.

GRÉAU (Julien), Président de la Société Académique, à Troyes.

JOZON Père, Président du Comice Agricole départemental, à Nogent-sur-Seine.

JOURNÉ, Marchand de Tissus, à Troyes.

LAUNAY (Comte de), Membre du Comice Agricole départemental, à Clérey.

QUILLIARD, Ingénieur en chef des Ponts-et-Chaussées à Troyes.

RAY, Membre du Conseil Général, aux Riceys.

REVERCHON, Ingénieur en chef des Mines, à Troyes.

TRUELLE (Auguste), Payeur du département, à Troyes.

VILLEMEREUIL (De), Membre de la Société Académique, à Villemereuil.

MEMBRES ADJOINTS.

BAILLY, Architecte de la Ville, à Troyes.
BALTET (Julien), ancien Président du Tribunal de Commerce, à Troyes.
BALTET (Charles), Horticulteur, à Troyes.
BERTHELOT, Mécanicien, à Troyes.
BUXTORF (Emmanuel), Mécanicien, à Troyes.
EVRARD, Fabricant de Bonneterie, à Troyes.
GORNET, Maire de Romilly.
GUIVET, Fabricant de Bonneterie, à Troyes.
HUOT (Gustave), Agriculteur à Saint-Julien.
MOLLARD, Chef de traction, à Troyes.
QUINCARLET-DUPONT, Filateur, à Troyes.
RAY (Eugène), Propriétaire aux Riceys.
ROBERT, Maire de Landreville.
SCHITZ, Artiste Peintre, à Troyes.
THÉVENOT, Filateur, à Troyes.

Le comité départemental de l'Aube tint de nombreuses séances durant les mois qui s'écoulèrent entre sa constitution et l'ouverture de l'Exposition universelle au 1er avril 1867. Il s'efforça de provoquer les demandes d'admission des agriculteurs et des industriels qui pouvaient figurer avec honneur dans ce grand concours international.

Il provoqua, en particulier, les expositions collectives et individuelles des fabricants de bonneterie qui tiennent une si large place dans l'industrie du département de l'Aube.

Le conseil général de l'Aube et les conseils municipaux des principales villes du département avaient mis à la disposition du comité des sommes assez importantes pour payer le voyage et les frais de séjour à Paris de contre-maîtres, d'agriculteurs et d'ouvriers capables d'étudier avec fruit les parties de l'Exposition universelle relatives à leurs professions respectives.

Grâce à ces subventions généreuses, le comité fut en état d'envoyer à Paris, depuis le 1er mai jusqu'au 31 octobre, plus de 300 délégués appartenant à toutes les professions et choisis dans tous les arrondissements du département.

Enfin, pour achever sa tâche, le comité devait publier les rapports sur les applications qui pourraient être faites dans le département, des enseignements que l'Exposition aurait fournis. C'est de ce dernier devoir qu'elle s'acquitte aujourd'hui.

Le 8 août 1868, l'empereur Napoléon III s'arrêtait à Troyes en revenant de Plombières. A deux heures de l'après-midi, le train impérial arrivait au débarcadère. Toutes les autorités étaient présentes pour recevoir Sa Majesté. Les troupes étaient sous les armes. Une foule immense se pressait aux abords de la gare.

Le maire de la ville prononça le discours suivant :

« Sire, la ville de Troyes est profondément reconnaissante de la visite que veut bien lui faire Votre Majesté. Les sentiments patriotiques qui animent cette cité, toujours attachée à l'empire, sont ceux de toute la Champagne ; elle confond dans une même pensée le dévouement à la patrie et au souverain qui est l'élu du peuple.

« Depuis que l'empereur préside aux destinées de la France, l'industrie troyenne a pris une immense extension.

« L'an dernier, à cette Exposition où l'univers prodiguait ses splendeurs, les fabricants de Troyes, en concurrence avec le monde entier, obtenaient seuls les quatre médailles d'or attribuées à leur classe.

« La paix, objet de tous vos désirs, la paix, sans laquelle l'industrie ne peut être féconde, enfantera encore de nouveaux progrès !

« Sire, votre présence au milieu de nous atteste hautement votre vive sympathie pour notre population ouvrière. Les habitants des villes et des campagnes savent que Votre Majesté sera toujours fidèle à la grande et noble mission d'assurer la richesse et le développement de l'industrie et de l'agriculture.

« Nous avons confiance, Sire, et nous sommes heureux de le proclamer, dans la constante sollicitude de l'empereur, dans ses efforts persévérants pour consacrer la prospérité et la grandeur de la France. *Vive l'Empereur!* »

L'Empereur répondit :

« Je n'ai pas voulu passer à Troyes sans m'y arrêter « un instant, afin de donner une preuve de mes vives « sympathies pour les populations de la Champagne, qui « sont animées de sentiments si patriotiques.

« J'ai constaté avec plaisir, l'année dernière, les progrès « de l'industrie dans votre département. Je vous engage « à continuer, car rien ne menace aujourd'hui la paix de « l'Europe.

« Ayez confiance dans l'avenir, et n'oubliez pas que Dieu « protége la France. »

Après avoir été proclamées dans cette circonstance solennelle, les récompenses obtenues par les exposants de notre département devaient encore recevoir la plus large publicité. C'est ce que nous nous efforçons de faire aujourd'hui.

Les fabricants du département de l'Aube avaient déjà figuré dans d'autres expositions universelles avant celle de 1867; mais jamais ils ne s'y étaient présentés avec autant d'ensemble, ni avec autant d'éclat. Les deux grandes industries troyennes, la bonneterie et la fabrication des métiers, étaient représentées à la grande exhibition du Champ-de-Mars de la façon la plus brillante. Le Jury des récompenses a rendu justice aux efforts de nos compatriotes.

Dans la classe 34 (bonneterie, lingerie et autres objets

accessoires du vêtement), nous trouvons en tête deux médailles d'or (1).

« L'une, dit le rapporteur de la classe 34, à M. Poron, qui depuis des années déjà fait de louables efforts pour la propagation des métiers nouveaux et dont les articles rivalisent de bon marché avec la Saxe.

« L'autre à M. Guivet, dont les produits très-soignés ont fait connaître avantageusement la marque française sur le marché américain. »

Sur la liste des médailles d'argent accordées à la même classe, nous trouvons encore trois fabricants du département, MM. Contour, Blanchet et Savouré.

Enfin, *vingt* récompenses d'un ordre moins élevé témoignent des qualités que le jury a reconnues aux produits locaux de cette grande industrie.

Dans la classe 56 (matériel et procédés du tissage), les exposants de l'Aube étaient moins nombreux, ce qui s'explique par les difficultés inhérentes à une exposition de cette nature. Notre département a aussi obtenu deux médailles d'or (2) :

L'une, à M. Berthelot, déjà plusieurs fois lauréat dans les expositions universelles précédentes, et « qui présentait un outillage où se trouvaient réunies les plus récentes améliorations ».

L'autre, à M. Buxtorf, qui « s'est consacré à l'étude du métier circulaire et a exposé un assortiment de dix-huit métiers, offrant chacun une particularité distincte. »

Le Jury a décerné en outre une médaille d'argent à M. Cottet, l'un des plus dévoués collaborateurs de la maison Buxtorf.

(1) Les médailles d'or accordées à la classe 34 étaient au nombre de sept. Deux ont été attribuées à la bonneterie, une à la ganterie, une à la chemiserie, deux à l'industrie des éventails et deux à celle des boutons.

(2) Les médailles d'or de la classe 56 étaient au nombre de cinq. Les trois autres ont été décernées à des fabricants de métiers à tisser.

Dans la classe 74 (spécimen d'exploitations rurales et d'usines agricoles), des médailles d'argent sont venues consacrer la réputation déjà ancienne de MM. Mannequin de Troyes, et Leduc de Bar-sur-Aube.

Quatre autres récompenses d'ordre moins élevé obtenues dans la même classe attestent l'importance que la fabrication des machines agricoles a prise dans le département de l'Aube.

Dans la classe 86 (fruits et arbres fruitiers), la Société horticole, vigneronne et forestière de l'Aube a reçu une médaille d'argent pour son exposition de viticulture.

Dans la classe 87 (graines et plantes d'essence forestière), MM. Baltet frères ont obtenu pour eux-mêmes une récompense d'un ordre spécial, objet d'art en argent, et en même temps une médaille d'argent pour M. Payn, l'un de leurs coopérateurs.

Enfin, dans la classe 91 (meubles, vêtements et aliments de toute espèce distingués par les qualités utiles unies au bon marché), les vins du département ont été cités plusieurs fois avec honneur.

Nous ne voulons pas énumérer ici tous les exposants du département de l'Aube qui ont été récompensés. On en trouvera plus loin la liste complète. Mais après avoir rappelé les principales distinctions obtenues par quelques-uns d'entre eux, nous ne pouvons nous défendre de présenter à tous quelques observations qui semblent ressortir avec évidence des résultats de ce grand concours international.

En général, il faut le dire bien haut, nos compatriotes n'ont pas eu assez confiance en eux-mêmes. Ils n'ont pas été si nombreux qu'ils le devaient être. Les étrangers qui savent quelle est la puissance de production de notre industrie, de notre agriculture et de nos vignobles, auront été surpris de ne les voir représentés que par un si petit nombre d'exposants. Les vins des arrondissements de Bar-sur-Aube et de Bar-sur-Seine, les blés des arrondissements de Troyes, d'Arcis-sur-Aube et de Nogent-sur-Seine, les bestiaux de tout le département, les bois de nos forêts, pour ne parler que des principaux produits, encombrent les gares des chemins de fer de l'Est et contribuent, pour une large part, à la consommation parisienne. C'est à peine s'ils figuraient à l'Exposition universelle de 1867.

Cette abstention d'un grand nombre de producteurs est d'autant plus regrettable, que le Jury tenait compte, dans la graduation des récompenses, non-seulement de la qualité des objets exposés, mais encore de l'étendue des intérêts représentés.

Quelque incomplet qu'il fût sous certains rapports, les résultats de ce grand concours ont été assez favorables à notre département pour qu'une autre exposition nous trouve mieux disposés à soutenir la lutte.

Personne n'oubliera que les produits du département de l'Aube ont figuré avec honneur dans toutes les classes où ils se sont présentés avec ensemble.

Il nous reste à dire quelques mots sur la composition du présent volume.

Nous avons extrait des *Rapports du Jury international* ce que cet important recueil contenait de plus intéressant pour nos industries locales. On lira avec fruit ces rapports qui sont l'œuvre d'hommes sincères et compétents. Nous avons seulement regretté de n'avoir pu y puiser davantage, bornés que nous étions par les étroites limites qui nous étaient imposées.

Nous avons regretté aussi d'être empêché par le même motif de publier de longs extraits des comptes rendus qu'ont bien voulu nous adresser les ouvriers délégués du département. Ces comptes rendus ont le mérite d'être l'œuvre d'hommes pratiques, et d'aller toujours droit au but. Ils méritent d'être accueillis avec le plus vif intérêt.

LISTE DES RÉCOMPENSES

OBTENUES

PAR LES EXPOSANTS DU DÉPARTEMENT DE L'AUBE

BEAUX-ARTS

GROUPE I

ŒUVRES D'ART

DEUXIÈME SECTION.

CLASSE 3.

Sculpture.

Deuxième prix.

M. Paul DUBOIS, sculpteur à Nogent-sur-Seine.

AGRICULTURE ET INDUSTRIE

GROUPE II

MATÉRIEL ET APPLICATION DES ARTS LIBÉRAUX

CLASSE 7.

Objets de papeterie; reliure; matériel des arts de la peinture et du dessin.

Médaille de bronze.

M. PINSON, Troyes. — Papiers.

GROUPE III

MEUBLES ET AUTRES OBJETS DESTINÉS A L'HABITATION

CLASSES 14 et 15.

Meubles de luxe et ouvrages de tapissiers et de décorateurs.

Mention honorable.

M. BELLOT aîné, Troyes. — Meubles.

CLASSE 16.

Cristaux, verrerie de luxe et vitraux.

Médaille de bronze.

M. le COMTE DE DAMPIERRE, Bligny. — Gobeleterie fine.

CLASSE 25.

Parfumerie.

Mention honorable.

M. P.-B. MOUGEOT, Bar-sur-Aube. — Savons.

CLASSE 26.

Objets de maroquinerie, de tabletterie et de vannerie.

Médaille de bronze.

Mme la COMTESSE PICOT DE DAMPIERRE, Paris et Bligny. — Découpures en papier et cuir, et fleurs.

GROUPE IV

VÊTEMENTS (TISSUS COMPRIS) ET AUTRES OBJETS PORTÉS PAR LA PERSONNE

CLASSE 27.

Fils et tissus de coton.

Médaille de bronze.

MM. DOUINE frères, Troyes. — Filés.

CLASSE 34.

Bonneterie, lingerie et autres objets accessoires du vêtement.

Médailles d'or.

MM. GUIVET et Cie, Troyes. — Bonneterie de coton.
PORON frères, — —

Médailles d'argent.

MM. Fréd. CONTOUR, Troyes. — Bonneterie.
J.-B. BLANCHET, — —
J. SAVOURÉ, Arcis. —

Médailles de bronze.

MM. AVIT-QUINQUARLET, Aix-en-Othe. — Bonneterie.
PHLIPON-DEGOIS et fils, Romilly-sur-Seine. — Bonneterie.
P.-F.-J.-B. BÉZARD, Troyes. — Bonneterie.
Mme Ve CAUZARD, Aix-en-Othe. —
J. CAMBON, Troyes. — Bonneterie.
FRÉROT, — —
DORÉ et Cie, — —
N. RÉGNIER, — Ganterie de tricot.
GUILLAUME fils, — Bonneterie.
CAROUGEAT, — —
LAFAIST fils, Aix-en-Othe. —
CH. BERTHIER fils, Troyes. —
MAROT frères, — Bonneterie et coton d'Alger.
DOREZ-SOUILLARD, Villemaur. —
DORÉ-DORÉ, Grès. —
BÈGUE-ROSÉ, Méry. —
MENNERET-PERRODIN, Troyes. — Tricots à côtes.

Mentions honorables.

MM. NINOREILLE, Arcis. — Bonneterie.
BAUDIN-HORIOT, Troyes. — Gants fil d'Écosse.

COOPÉRATEURS.

Médaille de bronze.

M. A. ALEXANDRE, contre-maître chez MM. Guivet et Cie, à Troyes.

CLASSE 37.

Armes portatives.

Mention honorable.

M. ROUSSEL, Troyes. — Cartouches.

GROUPE V

PRODUITS BRUTS ET OUVRÉS DES INDUSTRIES EXTRACTIVES

CLASSE 41.

Produits des exploitations et des industries forestières.

Hors concours.

M. le MARQUIS DE VIBRAYE (membre du jury), à Dienville, culture forestière; acclimatation d'essences exotiques.

CLASSE 43.

Produits agricoles (non alimentaires) de facile conservation.

Médaille de bronze.

M. Herbo-Prévost, Eclance. — Lins bruts, rouis, teillés et peignés.

GROUPE VI

INSTRUMENTS ET PROCÉDÉS DES ARTS USUELS

CLASSE 53.

Machines et appareils de la mécanique générale.

Médaille de bronze.

M. L.-J.-B. Protte, Vendeuvre. — Turbine.

CLASSE 56.

Matériel et procédés du tissage.

Médailles d'or.

MM. E. Buxtorf, Troyes. — Métiers à tricot.
N. Berthelot et Cie, Troyes. — Métiers à tricot.

Médaille de bronze.

M. Hémet, Troyes. — Aiguilles en acier trempé pour métier à tricoter.

Coopérateurs.

Médaille d'argent.

M. N. Cottet, Troyes. — De la maison Buxtorf.

Médailles de bronze.

MM. A. Hennequin, Troyes. — Contre-maître aux essais de l'atelier de dessin de la maison Buxtorf.
R. Lebrun, Ossey-les-Trois-Maisons. — Perfectionnement apporté aux métiers circulaires pour la bonneterie.

GROUPE VII

ALIMENTS (FRAIS OU CONSERVÉS) A DIVERS DEGRÉS DE PRÉPARATION

CLASSE 73.

Boissons fermentées.

Mention honorable.

M. Em.-Georges Quenedey, Riceys. — Pineau 1865.

GROUPE VIII

PRODUITS VIVANTS ET SPÉCIMENS D'ÉTABLISSEMENTS DE L'AGRICULTURE

CLASSE 74.

Spécimens d'exploitations rurales et d'usines agricoles.

Médailles d'argent.

MM. Émile Mannequin, Troyes. — Pressoir hydraulique.
Leduc et Cie, Bar-sur-Aube. — Presse-fourrage-bascule.

Médailles de bronze.

MM. Paulvé-Millot, Troyes. — Coupe-racines.
Chrétiennot, Essoyes. — Appareils à distiller.

Mentions honorables.

MM. Reynaud-Pillard, Troyes. — Tuyaux et briques.
Protte et Thouvenin, Vendeuvre. — Moteur à vapeur.

CLASSE 76.

Bœufs, Buffles, etc.

Médaille de bronze.

M. le baron Walckenaer, Le Paraclet. — Race bretonne.

GROUPE IX

PRODUITS VIVANTS ET SPÉCIMENS D'ÉTABLISSEMENTS D'HORTICULTURE

CLASSE 86.

Fruits et arbres fruitiers.

Médaille d'argent.

SOCIÉTÉ HORTICOLE, VIGNERONNE et FORESTIÈRE DE L'AUBE, Troyes. — Viticulture.

CLASSE 87.

Graines et plantes d'essences forestières.

Objet d'art en argent.

MM. BALTET frères, Troyes. — Arbres, arbustes et fruits.

COOPÉRATEURS.

Médaille d'argent.

M. P. PAYN, chez MM. Baltet frères, à Troyes.

Médaille de bronze.

M. P. RUELLE, chez MM. Baltet frères, à Troyes.

GROUPE X

OBJETS SPÉCIALEMENT EXPOSÉS EN VUE D'AMÉLIORER LA CONDITION PHYSIQUE ET MORALE DE LA POPULATION

CLASSE 91.

Meubles, vêtements et aliments de toute espèce, distingués par les qualités utiles unies au bon marché.

Médailles de bronze.

MM. A.-F. CONTOUR, Troyes. — Bonneterie de laine et coton.
COMMUNE DE LANDREVILLE (Aube). — Vins.
AMYOT-GRATTEPAIN, Loches. — Vins.
BERTHERAND, Chacenay. — Vins.

COMITÉ DE L'EXÉCUTION MUSICALE.

2e SECTION.

Festivals et Concours orphéoniques.

3e DIVISION.

PREMIÈRE SECTION.

GROUPE A

Sixième prix.

ORPHÉON DE BAR-SUR-AUBE; directeur, M. Herzog.

CLASSE 27

FILS ET TISSUS DE COTON

SECTION I

FILATURE DU COTON

PAR M. MIMEREL FILS,

Manufacturier à Roubaix.

Le coton, par son bas prix, par la facilité avec laquelle il se prête à la filature et au tissage, prendra d'année en année une place plus importante dans l'industrie si grande et si variée du vêtement.

L'introduction des procédés mécaniques dans la filature, le tissage et l'impression, a, pour la plus large part, contribué au bas prix et, par suite, à la grande consommation des fils et tissus de coton ; un mètre de toile peinte, qui coûtait 20 francs il y a cent ans, vaut aujourd'hui 1 franc. Avec une telle diminution, non pas toujours régulièrement proportionnelle, mais constante dans le prix de revient, ne doit-on point penser que cette industrie est appelée à un développement qui n'aura d'autre limite que celle d'une consommation s'accroissant chaque jour en raison directe du bon marché du produit fabriqué ?

Pour constater les progrès accomplis et juger des difficultés vaincues, nous avons à dire d'abord quelques mots sur les résultats de la guerre d'Amérique en ce qu'ils touchent à la production du coton; nous établirons ensuite quelle est à ce jour l'importance de la filature dans les différents pays manufacturiers, et, après avoir, au troisième chapitre, donné un aperçu des modifications apportées au matériel de cette industrie, nous terminerons en examinant les conditions morales et économiques des ouvriers occupés dans nos usines.

CHAPITRE I.

EFFET DE LA GUERRE DES ÉTATS-UNIS SUR LA PRODUCTION DU COTON.

« L'ancien monde était devenu tributaire du nouveau pour l'alimentation de l'une de ses principales industries, et l'on commençait à peine à se préoccuper de ce danger pour l'avenir, lorsque, par la circonstance la moins prévue, la production américaine fit subitement défaut; le malaise, la disette et, pour ainsi dire, la famine du coton se sont fait sentir coup sur coup. Le *king-cotton* disparut sans que l'on pût dire : « Le roi est mort; vive le roi ! » De tous côtés surgissent cependant des prétendants; mais, hélas ! ce sont des héritiers dégénérés, dont l'éducation a été imprudemment négligée; il faudra du temps pour leur faire rendre les services de leurs prédécesseurs (1). »

Cette cause accidentelle, la guerre civile aux États-Unis, est venue arrêter l'industrie du coton dans son essor, en portant la matière première à un taux qui en rendait l'emploi sinon impossible, du moins très-restreint.

Le tableau ci-dessous indique la variation du prix du coton

(1) ALCAN. *Traité sur les Matières textiles.*

Louisiane sur le marché de Liverpool depuis quelques années (1) :

En décembre...... 1860 il était coté.........	1f 68c	le kilogramme.
— ...... 1861 —	2f 54c	—
— ...... 1862 —	5f 44c	—
— ...... 1863 —	6f 24c	—
En juillet et août 1864 la cote s'est élevée à..	7f 26c	—
En décembre...... 1864 elle retombait à........	4f 84c	—

Depuis lors, subissant des fluctuations qu'il serait superflu d'indiquer, le coton Louisiane est aujourd'hui redescendu à 2 fr. 30; les belles apparences de la prochaine récolte nous autorisent à penser que cette cote ne sera plus dépassée; mais quand le *middling* Louisiane reviendra-t-il à 1 fr. 67, prix habituel avant la guerre? Jamais peut-être; certainement pas de longtemps.

Cette hausse inattendue, hors de toute prévision, a causé à la filature du coton de profondes blessures; elle a lutté énergiquement, et, maintenant que la situation tend à revenir à son état normal, on peut constater, en admettant qu'il soit possible d'oublier les pertes subies dans ces années d'épreuves, que le résultat de cette crise est un nouveau progrès accompli.

Des hommes d'initiative ont encouragé, non pas seulement de leurs conseils, mais surtout et toujours de leurs capitaux, la culture du coton dans des pays où elle n'existait plus, où elle n'avait jamais existé. De leur côté, les filateurs se sont ingéniés à remplacer les cotons d'Amérique par ceux de l'Inde, depuis longtemps presque délaissés; en modifiant leurs machines, en donnant au fil plus de torsion, ils sont arrivés à introduire largement le coton indien dans la consommation; mais, s'il est à regretter que l'importance de la filature n'ait point, par suite de ces circonstances exceptionnelles et fatales, suivi la proportion de sa marche ascendante, cette industrie

(1) Le coton Louisiane est celui qui se cultivait et se consommait le plus.

s'est, du moins, par les efforts combinés de tous ceux qui s'y livrent, affranchie, dans les limites du possible, du monopole des États-Unis pour l'approvisionnement de la matière première.

Quelques chiffres donneront un aperçu exact des quantités de coton importées des différents pays de sa production.

Avant la guerre des États-Unis, l'Angleterre, où arrivent plus des 4/5es du coton que consomme l'Europe, recevait en moyenne, de 1865 à 1860 :

562 millions	de kilogrammes par an, dont
425 —	provenaient exclusivement des États-Unis ; ce qui donnait pour les autres pays producteurs
137 millions	seulement.

De ces 562 millions de kilogrammes, il s'en exportait 85 millions, laissant 477 millions de kilogrammes pour la moyenne de la consommation annuelle du pays. Cinq ans plus tard, en 1865, par suite de la guerre, la production des États-Unis (y compris les Bahamas et le Mexique), de 432 millions de kilogrammes, était tombée à 95 millions, et pourtant les importations en Angleterre s'élevaient encore à 492 millions ; les autres pays, stimulés par les hauts prix, fournissaient donc la différence, et leur production, de 137 millions, était montée à 356 millions.

Voici le tableau pour l'année 1865 :

États-Unis, y compris les Bahamas et le Mexique	95 millions de kilogr.
Inde anglaise	221 —
Égypte	87 —
Brésil	18 —
Chine	13 —
Littoral de la Méditerranée (Égypte exceptée)	23 —
Autres pays	22 —

Sur cette quantité, 150 millions de kilogrammes ont été réexportés pour le continent, laissant 324 millions de kilogrammes pour la consommation du Royaume-Uni.

En 1866, les importations ont été, en Angleterre, de 667 millions, dont 236 millions des États-Unis et 431 millions des autres contrées ; elles ont donc maintenu et même augmenté leur chiffre d'expéditions, puisque, en 1865, elles n'avaient fourni que 389 millions.

Que ces pays, qui nous ont été d'un si utile secours, maintiennent leur production, c'est tout ce qu'il nous est permis d'espérer ; aux États-Unis, la production tendra, d'année en année, à reprendre son importance passée ; alors, seulement, nous pourrons espérer cette abondance de matière première sans laquelle une industrie ne peut compter sur une prospérité solide et durable.

CHAPITRE II.

IMPORTANCE DE LA FILATURE DU COTON.

Grande-Bretagne. — L'Angleterre, depuis longtemps, tient le premier rang dans cette industrie ; en 1860, le Royaume-Uni comptait 30 millions de broches, réparties comme suit :

	NOMBRE DES FILATURES.	NOMBRE DES BROCHES.
Angleterre........	2,715	28,352,125
Écosse............	163	1,915,398
Irlande...........	9	119,944
Royaume-Uni.....	2,887	30,387,467

A cette époque, le traité de commerce avec la France, dont on discutait les bases, allait élargir le débouché de ces vastes ateliers ; la longue période de prospérité, de 1850 à 1860, avait enrichi les filateurs qui, espérant tout de l'avenir, se lançaient avec une ardeur sans égale dans la construction de nouvelles usines. Près de 4 millions de broches étaient en voie de création, en Angleterre seulement, quand la crise américaine vint tout à coup jeter la perturbation dans cette industrie.

§ 1. — Angleterre.

Le manque de matière première, que les Anglais ont énergiquement qualifié de famine de coton, empêcha la mise en marche d'une grande partie de ces broches et en arrêta, dans les anciennes filatures, un nombre bien plus considérable.

Aujourd'hui, toutes les usines ont repris le travail, et le Royaume-Uni doit compter près de 34 millions de broches en activité. Le Jury a regretté que cette industrie, si importante en Angleterre, ne se trouvât représentée à l'Exposition que par un seul filateur, qui a été très-distingué. La répugnance qu'ont toujours témoignée nos confrères d'outre-Manche à accepter un classement est sans doute le motif qui les a tenus éloignés de ce grand concours international. Sans cette regrettable abstention, nous aurions pu constater, comme aux expositions de Londres de 1851 et de 1862, à quel degré de bon marché arrive l'industrie anglaise; sa fabrication, toujours la même, toujours imperturbablement suivie, stimule chaque ouvrier à produire chaque jour davantage et à abaisser conséquemment le prix de revient. En même temps, le bon marché du combustible et du fer excite à des recherches incessantes de nouvelles machines ; une fois lancée dans cette carrière, une fois bien assurée de distancer ses rivaux, l'Angleterre a pu défier tous les efforts de la concurrence. Il était difficile de la suivre, bien plus encore de l'atteindre ; et, en effet, pour l'ensemble de l'industrie du coton, l'exportation totale de toutes les nations reste légèrement inférieure au tiers de celle de l'Angleterre, et, si de ces nations nous exceptons les États-Unis, nous trouvons que toutes les autres réunies n'exportent pas la dixième partie de ce qu'exporte l'Angleterre.

Voici le tableau, par millions de livres sterling et pour les fils de coton seulement (1), des valeurs déclarées à la sortie du Royaume-Uni, pendant ces dernières années :

Année 1860	252,000,000	kilogrammes.
— 1861	226,800,000	—
— 1862	151,200,000	—
— 1863	201,600,000	—
— 1864	226,800,000	—
— 1865	252,000,000	—

Comme valeur, les exportations de 1865 sont donc revenues aux chiffres de 1860; mais, si nous comparons les poids déclarés à la sortie, on verra de combien, en 1865, le prix du coton filé était plus élevé qu'en 1860 :

COTON FILÉ.	QUANTITÉ DE KILOGR.	VALEUR, FR.
1860	89,000,000	248,000,000
1865	47,000,000	260,000,000

Le coton filé avait donc, en 1865, une valeur de 100 pour 100 plus élevée qu'en 1860.

Pour le fil à coudre, la différence n'est pas aussi forte, mais accuse le même fait :

FIL A COUDRE.	QUANTITÉ DE KILOGR.	VALEUR, FR.
1860	2,852,000	18,700,000
1865	2,186,000	19,000,000

Dans le prix de ces fils, la main-d'œuvre entrant pour une part plus grande que dans les cotons non retords, il s'ensuit que la hausse de la matière première s'est fait proportionnellement moins sentir.

Ne nous étonnons donc pas que l'Angleterre ait pris une si large place dans cette importante industrie; plus que toute autre nation, elle possède les éléments du bon marché.

Elle les doit à la nature ; elle les doit à sa vieille et immobile législation sur la constitution de la propriété.

(1) Nous avons donné pour l'Angleterre, dans le premier chapitre, les poids du coton brut importé et exporté.

L'une lui a donné le fer, le charbon et surtout les transports faciles et économiques; l'autre y a joint l'accumulation des capitaux, qui seule met en valeur et vivifie les richesses naturelles.

§ 2. — Etats-Unis.

Après l'Angleterre viennent, comme importance dans l'industrie du coton, les États-Unis, qui comptent aujourd'hui près de 8 millions de broches.

Les renseignements statistiques que nous avons pu nous procurer et tirer des publications du Congrès sont moins précis que ceux que nous possédons sur les autres pays.

La filature du coton date, en Amérique, de 1824 seulement; Lowell, le Manchester américain, possède des établissements très-importants qui, il y a quinze ans, ne comptaient encore que 5,500,000 broches; mais, depuis la reconstitution de l'Union et l'élévation des tarifs protecteurs, le nombre des filatures tend à s'accroître rapidement, et avant peu les États-Unis auront plus de 8 millions de broches.

D'après des chiffres officiels, 100 millions de kilogrammes de coton étaient, sur la récolte, conservés chaque année en Amérique, alors qu'il n'y avait à alimenter que 5,500,000 broches; aujourd'hui, les Américains doivent donc en conserver 145 millions qui, convertis en fils de numéros généralement assez gros, suffisent à leur consommation et leur permettent même une exportation considérable dans l'Amérique du Sud; ils n'ont donc à tirer de l'Angleterre que les numéros plus fins.

§ 3. — France.

Sur le continent européen la France est le pays où l'industrie du coton s'est le plus développée; le nombre des broches qui, d'après l'*Annuaire d'Economie politique*, n'était, en 1860, que de 6,500,000, s'élève maintenant à 6,800,000, réparties comme suit :

Départements de l'Ouest	3,200,000
— de l'Est	2,400,000
— du Nord	1,200,000

Les plus gros numéros se filent principalement dans les départements qui formaient autrefois l'ancienne province de Normandie ; les Vosges font surtout les numéros moyens, l'Alsace les fins, et dans quelques filatures les très-fins ; les chaînes deux bouts et les extra-fins sont en grande partie produits par Lille et ses environs.

Pour l'importance de la filature française, les chiffres officiels se trouvent de 6 à 7 pour 100 plus élevés que ceux relatés ci-dessus, car les contrôleurs des contributions directes, dont le travail doit servir de base à ces sortes de recensements, comptent, depuis plusieurs années seulement, les machines préparatoires (banc à broches) comme métiers à filer.

Pour bien apprécier quels ont été, sur l'industrie qui nous occupe, les résultats de la crise que nous avons traversée, prenons, en France, le département qui compte le plus de broches, la Seine-Inférieure, et examinons quelle était sa situation en 1860 et quelle est sa situation en 1867.

Année 1860. — Chiffres relevés à la fin du 2e semestre de 1859 :

Nombre de filatures	228
Nombre de broches	1,396,204
Valeur locative	3,249,240

1867. 1er janvier. — D'après le recensement fait fin décembre 1866.

Nombre de filatures en activité	198	Dans ce nombre sont comprises 60,000 broches de machines préparatoires.
Nombre de broches	1,489,688	
Valeur locative	3,438,975	

On voit, par la comparaison de ces relevés, que, si le nombre des établissements a diminué de 30, celui des broches a déjà dépassé de 33,000 environ le chiffre atteint avant la crise ; et si l'abaissement des tarifs douaniers a d'abord diminué le prix de nos usines, la transformation du matériel, dont nous aurons à nous occuper plus loin, a depuis lors augmenté, dans une plus grande proportion, la valeur locative.

La situation de la filature s'est améliorée dès 1866, dans la Seine-Inférieure seulement ; la comparaison de décembre 1865 avec décembre 1866 offrait déjà un écart de 200,000 broches. Cet accroissement rapide était dû à un rappel à l'activité de 18 filatures (au total de 90,488 broches) qui, pendant la crise, avaient dû suspendre le travail, et à la création ou l'agrandissement, avec un outillage perfectionné, de six filatures (au total de 110,000 broches).

Ces calculs que nous n'avons établis que pour un département, afin de donner des résultats plus précis, sont vrais, toute proportion gardée, pour l'ensemble des autres centres qui, en France, se livrent à l'industrie cotonnière. Partout la filature tend à se constituer sur des bases plus larges ; outillage perfectionné, force motrice plus puissante, aménagement plus économique par sa concentration même dans un petit nombre de vastes établissements, tel est le résumé du progrès accompli pendant ces dernières années. Que des temps plus prospères reviennent encourager les efforts, et nous aurons bientôt à constater un nouvel accroissement dans l'importance de cette industrie.

Un mot maintenant sur nos importations et nos exportations. Le tableau ci-après donne pour le commerce général et le commerce spécial les quantités de coton bruts et filés importés de 1860 à 1866.

ANNÉES.	COTON BRUT		COTON FILÉ			
	COMMERCE		COMMERCE		COMMERCE	
	général. — kilogr.	spécial. — kilogr.	général. — kilogr.	spécial. — kilogr.	général. — Mille mètres.	spécial. — Mille mètres.
1860	133,399,931	123,702,087	734,996	49,149	»	»
1861	128,378,560	123,368,494	1,415,501	854,081	401,614	423,313
1862	46,291,948	38,831,057	2,019,810	1,558,688	902,064	898,651
1863	64,385,731	55,469,671	864,509	586,287	466,744	482,979
1864	78,343,155	67,628,715	1,055,886	549,015	756,948	758,397
1865	90,919,325	81,397,309	1,477,363	714,446	792,980	842,252
1866	133,749,621	120,036,066	3,590,941	2,311,027	1,675,387	1,497,977

Il ressort de ces chiffres tirés des documents officiels des douanes, que, dès 1866, la filature française a consommé 120,036,000 kilogrammes de coton brut, c'est-à-dire presque autant qu'avant la guerre d'Amérique. Dans le premier chapitre de ce rapport nous avons constaté le même fait pour l'Angleterre ; c'est le résultat de la reprise du travail dans les établissements momentanément arrêtés.

Quant aux importations de cotons filés, elles ont été de 3,590,941 kilogrammes ; mais, 1,279,914 kilogrammes n'étant entrés en France qu'en transit, nous n'avons réellement importé que 2,311,027 kilogrammes.

Or, les 120 millions de coton brut mis en œuvre par la filature française ayant produit en fil plus de 100 millions de kilogrammes, il en résulte que, pour cette industrie, l'importation étrangère représente, comme poids, moins de 2 1/2 pour 100 du chiffre de la consommation générale de notre pays.

Nos exportations en fil de coton sont insignifiantes.

Elles ont été en 1860 de........	337,233	kilogrammes.
— 1861 de........	259,459	—
— 1862 de........	282,278	—
— 1863 de........	250,849	—

Elles ont été en	1864 de........	322,040	kilogrammes.
—	1865 de........	380,400	—
—	1866 de........	407,847	—

Si nous nous comparons à l'Angleterre, la différence, comme nous le disions plus haut, est énorme, mais l'ambition de la France ne va pas, pour la filature, jusqu'à lutter sur les marchés étrangers avec sa puissante rivale ; elle aspire à défendre son marché intérieur, et le faible chiffre des importations semble prouver que le succès a, jusqu'à présent, répondu aux efforts de nos manufacturiers, et que, sagement ménagé, l'avenir pourra nous appartenir.

§ 4. — *Pays étrangers. — Divers.*

Autriche. — L'Autriche compte 154 filatures, comprenant 1,459,505 broches ; l'augmentation n'a été en moyenne que de 10,000 broches par an, car, en 1852, les statistiques accusaient 1,400,000 broches. A quelle cause attribuer le faible développement de cette industrie ? A la concurrence anglaise qui, malgré des droits protecteurs de 7 à 10 pour 100, ne permet pas à la filature de ce pays de prospérer. Tirant à grands frais leurs machines d'Angleterre, loin du Havre et de Liverpool, payant le charbon à des prix assez élevés, les filateurs autrichiens ne peuvent pas lutter avantageusement contre leurs confrères de l'Angleterre ; nous connaissons dans ce pays des filatures dont le matériel a été complétement renouvelé en 1860, et qui, arrêtées par suite de la disette de coton, n'ont pas été remises en activité.

Zollverein. — Le Zollverein, mieux situé que l'Autriche pour les transports, trouvant dans ses mines un combustible abondant et à bas prix, ayant des ouvriers assidus et peu exigeants pour le salaire, voit l'industrie de la filature se développer rapidement ; en quinze ans le nombre des broches a plus que doublé ; de 900,000 il est monté à près de 2 millions. Les provinces rhénanes filent principalement les gros numéros; les fins sont importés de l'Angleterre.

Espagne. — Sous le régime de la prohibition absolue, l'Espagne avait monté 700,000 broches; presque tous les établissements étaient situés à Barcelone et aux environs.

Depuis que le système protecteur a succédé au système prohibitif, un certain nombre de filatures ont été arrêtées et n'ont pas repris le travail.

Mais est-ce seulement au régime économique de l'Espagne qu'il faut attribuer cette situation? Le peuple espagnol est-il, peut-il être un peuple manufacturier? A-t-il cette énergie, cette constance au travail qu'exige l'industrie moderne? Et, quand nous voyons nous-mêmes nos ouvriers moins assidus, moins ardents à l'ouvrage pendant les ardeurs de l'été, ne devons-nous point penser que les peuples méridionaux, qui ont toujours préféré le repos et la vie au grand air à l'aisance et à la vie laborieuse, sont moins que d'autres aptes au travail de la manufacture?

Italie. — Ce qui est vrai pour l'Espagne l'est aussi pour l'Italie; même climat, même amour du *far niente*. Les passions politiques agitent continuellement ces deux peuples, et l'industrie, qui désire avant tout l'ordre et la stabilité, ne trouvera pas à s'acclimater au milieu de ces nations toujours en effervescence.

Dans ces derniers temps, l'Italie est revenue avec quelque succès à la culture du coton; plusieurs filatures se sont établies près des plantations, d'autres dans la Lombardie; malgré tout, nous ne croyons pas que, dans les conditions présentes, l'industrie cotonnière y soit appelée à un grand avenir.

Revenons aux contrées septentrionales; nous y retrouverons l'industrie plus active, plus importante, plus vigoureusement constituée.

Belgique. — La Belgique compte aujourd'hui 625,000 broches de filatures de coton, presque toutes à Gand et aux environs. Cet industrieux pays s'est acquis, pour les plus gros numéros, une réputation justement méritée ; tandis que, dans les autres contrées, la moyenne de production par broche et par année n'est que de 16 à 17 kilogrammes, la Belgique importe 15 millions de kilogrammes, ce qui, à raison de 625,000 broches, représente 24 kilogrammes pour chacune d'elles.

Comme en France, comme en Angleterre, dès 1866 l'importation du coton brut avait, en Belgique, repris son niveau, en remontant aux chiffres de 1860; mais, pour cette contrée aussi, le manque de matière première s'était fait vivement sentir, car le poids importé, qui en 1860 était de 15,378,000 kilogrammes, était tombé à 5,417,000 en 1862. Ces deux chiffres mieux que tous commentaires font ressortir l'intensité de la crise que cette industrie a supportée.

Les filateurs ont généralement transformé leur outillage et l'ont adapté au travail du coton de l'Inde.

La Belgique exporte une partie de sa production et importe les numéros fins qu'elle ne file pas. La comparaison entre le poids et la valeur de ses importations et de ses exportations en fils de coton fait ressortir le bas prix et par suite le numéro peu élevé des cotons exportés :

Année 1864.	Importations...	311,271 kil.	Valeur... 4,261,532
— —	Exportations ...	737,585 —	— 5,353,507

Ainsi, tandis que le poids exporté est plus que double du poids importé, la valeur exportée ne dépasse que de 20 pour 100 seulement la valeur importée.

Suisse. — Pour les numéros fins, la Suisse a pris une position analogue à celle de la Belgique pour les gros numéros.

Plus loin des principaux marchés du coton, ayant conséquemment des frais considérables pour faire arriver jusqu'à ses usines la matière brute, loin des ports qui doivent envoyer à l'étranger ses exportations, ce pays s'est surtout appliqué à la filature des numéros fins. Accumulant ainsi une plus grande quantité de main-d'œuvre sur un même poids de coton, les industriels atténuent le désavantage de la situation géographique de la Suisse, désavantage compensé du reste par le bas prix de la main-d'œuvre (1) et les chutes d'eau qui donnent une force motrice constante et d'une puissance indéfinie.

Malgré ce double avantage, force hydraulique et taux abaissé des salaires, la Suisse n'a pas vu depuis quelques années l'industrie de la filature prendre chez elle un grand développement. Le nombre des broches était de 900,000 lors de l'Exposition de Londres en 1851, il n'est aujourd'hui que de 1 million, d'après les renseignements qui m'ont été fournis par le bureau fédéral de statistique; ce million de broches est réparti entre 110 filatures situées en très-grande partie dans les cantons de Zurich, de Glaris et d'Argovie.

Russie. — La Russie a vu l'importance de ses filatures augmenter de 50 pour 100 en 15 ans; elle avait 1 million de broches en 1852; elle en a maintenant 1,500,000, dont un grand nombre fonctionnent jour et nuit (2).

Ses usines, situées à peu de distance du littoral, tirent d'Angleterre leur charbon, qui au débarquement revient de 22 à 25 francs la tonne; les manufactures situées dans l'intérieur de l'empire se servent généralement de bois comme combustible; on en trouve en telle quantité qu'il ne revient guère plus cher que du charbon à 25 ou 28 francs la tonne.

La Russie met en consommation 44 millions de kilogrammes de coton chaque année, et tire principalement de l'Angleterre les genres de filés que ses manufactures ne lui fournissent pas.

Inde. — L'Inde avait autrefois une grande réputation pour ses fils et tissus de coton; mais depuis que la mécanique s'est

(1) Le taux moyen des salaires varie, suivant les cantons, de 1f 25 à 1f 50 par jour et par ouvrier; c'est le double en France.

(2) On ne compte en Russie que 270 jours de travail par année.

substituée au rouet, la filature à la main tend partout à disparaître, quel que soit le taux des salaires ; et pourtant, avec un filament qui chez nous atteint difficilement le numéro 25, l'Inde arrivait à fabriquer ces mousselines si fines.

Quelques essais de filatures montées mécaniquement ont été tentées ; on a voulu placer l'usine à côté du champ de coton ; nous ne croyons pas que dans l'Inde ces efforts de l'industrie soient couronnés de succès ; le climat est un obstacle à cette vie si laborieuse et si uniforme de l'atelier, et ce que nous disions tout à l'heure des pays méridionaux de l'Europe est encore plus vrai pour l'Inde.

§ 5. — Résumé.

Nous terminons en résumant dans ce tableau l'état comparé de l'importance de la filature de coton en 1852 et en 1867 :

	NOMBRE DE BROCHES.	
	1852	1867
Angleterre	18,000,000	34,000,000
États-Unis	5,500,000	8,000,000
France	4,500,000	6,800,000
Zollverein	900,000	2,000,000
Autriche	1,400,000	1,500,000
Suisse	900,000	1,000,000
Belgique	400,000	625,000
Autres pays étrangers	1,000,000	1,000,000
Total	32,600,000	54,925,000

Ces 54 millions de broches comptées dans leur ensemble à 30 francs représentent un capital de 1,620 millions.

Toutes ces filatures, d'après les chiffres que nous avons donnés dans le courant de ce chapitre, mettent en œuvre 950 millions de kilogrammes de matière première ; elles livrent en fil un produit représentant une valeur de 3,500 millions de francs, qui, venant s'ajouter aux milliards du tissage et de l'impression, font de l'industrie du coton la plus importante de toutes celles qui travaillent les matières textiles et la plus utile, puisqu'elle fournit aux masses le vêtement à bon marché.

CHAPITRE III.

DES PROGRÈS MÉCANIQUES.

Depuis 1860, nous n'avons à signaler pour la filature de coton aucune invention qui puisse être appelée à changer sensiblement les conditions de la production. Plus une industrie est perfectionnée, moins rapides sont les progrès qu'elle est appelée à accomplir ; la filature de coton est une nouvelle preuve de cette vérité ; car, depuis l'invention du *self-acting* et de la peigneuse, tous les progrès se sont bornés à modifier, en les perfectionnant, les différents systèmes adoptés.

Pour tous les pays de l'Europe où le charbon est plus cher qu'en Angleterre, et pour la France surtout, ces perfectionnements ont produit plus de résultats que l'invention elle-même n'en avait pu donner à l'origine.

Je ne parle pas de la peigneuse, invention française, qui, exigeant peu de force motrice, a de suite été appliquée chez nous ; mais le *self-acting* dans le début était bien loin de produire les résultats qu'on en obtient aujourd'hui, et si nos industriels ont été quelque temps avant d'adopter franchement ce système, qu'on n'en accuse pas des habitudes et des idées de routine qui, dans la filature, existent peut-être moins que dans beaucoup d'autres industries ; la cause de ce retard doit être uniquement attribuée à la grande force motrice que nécessitait le métier, force qui, coûtant beaucoup moins en Angleterre qu'en France, diminuait pour nous les avantages que nos voisins tiraient de ces nouvelles machines ; nous allons le démontrer par quelques chiffres.

Il y a 15 ans on comptait que 1,000 broches *self-acting* exigeaient deux chevaux-vapeur de plus que 1,000 broches de l'ancien système ; or, la broche valant 6 francs en Angleterre et 10 francs chez nous, le cheval-vapeur consommant 3 kilogrammes de charbon par heure, soit 11 tonnes par an, la dépense annuelle occasionnée par l'adoption du *self-acting* pouvait se chiffrer ainsi :

	France.	Angleterre.
	—	—
Coût de 2 chevaux-vapeur, soit 22 tonnes, valant à Manchester 6 francs..........		132
Coût de 2 chevaux-vapeur, soit 22 tonnes, valant à Mulhouse et Rouen 25 francs (1)..........	550	
1,000 broches renvideurs, valant à Manchester 6,000 fr., exigeaient comme frais généraux (intérêt 5 pour 100, amortissement 5 pour 100) 10 pour 100..........		600
En France, ces mêmes métiers revenaient à 10,000 fr., soit, à raison de 10 pour 100 pour frais généraux....	1,000	
La transformation de 1,000 broches occasionnait donc en France une dépense supplémentaire de..........	1,550	
Et en Angleterre seulement de..........		732

L'économie de main-d'œuvre produite par ce changement de matériel consistant à supprimer deux ouvriers par 1,000 broches, soit 6 francs par jour en France et 8 francs en Angleterre, où la main-d'œuvre est plus élevée, cette économie, disons-nous, était donc pour la France de 1,800 francs par 300 jours de travail et de 2,400 francs pour l'Angleterre.

	POUR LA FRANCE.	POUR L'ANGLETERRE.
Économie réalisée..........	1,800	2,400
Dépense supplémentaire......	1,550	732
Bénéfice produit......	250	1,668

On comprend que, si en Angleterre il ne pouvait y avoir aucune hésitation, en France, au contraire, bien des industriels aient craint d'immobiliser des sommes considérables pour un changement de matériel qui ne donnait que de minces avantages. Depuis lors, les perfectionnements dont j'ai parlé plus haut se sont produits; chaque année un nouveau changement apporté à quelques organes du *self-acting* a exigé moins de force motrice et a diminué le prix d'achat du mé-

(1) Le charbon qui se vend chez nous 25 francs la tonne ne vaut souvent que 6 francs en Angleterre.

tier, tout en donnant à cette machine perfectionnée la facilité de filer avec le même lainage des numéros plus fins, il en résulte que nous pouvons aujourd'hui modifier comme suit les calculs posés plus haut pour les résultats du changement de matériel.

	France.	Angleterre.
1,000 broches *self-acting* ne demandant maintenant qu'un cheval-vapeur de plus que 1,000 broches à la main, il faut donc à Manchester 11 tonnes de charbon à 6 francs..		66f
A Mulhouse et à Rouen, 11 tonnes à 25 francs.....	275	
1,000 broches coûtent à Manchester 5,000 francs, soit, intérêt et dépréciation, 10 pour 100..................		500
En France 1,000 broches coûtent 8,000 francs, soit, à raison de 10 pour 100..............................	800	
Le coût total pour une année est donc de.........	1,075 et	566f

Ainsi, tout d'abord, 1,000 broches de *self-acting* nous économisaient deux ouvriers, soit..	1,800f
Et nous coûtaient en charbon et en intérêt..................	1,550
Économie réelle..............	250f
Aujourd'hui le même nombre de broches de *self-acting* économise toujours deux ouvriers qui ne coûtent plus 1,800 fr., mais	2,400f
et le charbon et l'intérêt des capitaux ne coûtent plus que (voir le tableau ci-dessus).	1,075
De sorte que l'économie réelle que nous avons aujourd'hui à employer le *self-acting* est de..................................	1,325f
En définitive, dès 1852 l'Angleterre trouvait dans la transformation de 1,000 broches des métiers à filer un avantage de	1,668f
Le nôtre n'est encore aujourd'hui que de.................	1,325
Différence à l'avantage de l'Angleterre.......................	343f

En 1852 la différence était de 1,418 francs; aussi ce qu'il n'était pas urgent de faire il y a quinze ans se fait très-utilement aujourd'hui.

Nous n'avons jusqu'à présent parlé que du métier à filer; des perfectionnements analogues ont été apportés aux machines préparatoires et ont eu surtout pour résultat d'accroître leur production, tout en les rendant propres à l'emploi du coton indien.

De puissants appareils de battage ouvrent parfaitement le coton, le dégagent d'une partie notable de ses impuretés et le rendent en nappes d'une régularité inconnue jusqu'à présent.

Les cardes, dont le travail est facilité par la plus grande perfection du battage, sont elles-mêmes réglées par un débourrage automate; la propreté du coton qu'elles livrent ne dépend plus ainsi de celui qui les soigne, et leur production qui, il y a 10 ans, dépassait rarement 20 kilogrammes par jour pour les cotons d'une certaine longueur, atteint maintenant et parfois dépasse 40 kilogrammes.

En suivant l'ordre du travail, des cardes nous passons à la peigneuse; nous n'avons pas pour ces machines la même différence de production à signaler, elles sont aujourd'hui ce qu'elles étaient il y a dix ans; leur prix a baissé, mais la production n'a pas augmenté. Nous avons vu fonctionner un nouveau système de peigneuses, d'invention américaine; cette machine offre l'avantage de réunir en ruban la bourre enlevée par le peigne, puis par la brosse; mais la production ne semble pas encore être assez considérable pour que, au prix actuel, ce nouveau système soit appelé à prévaloir sur ses rivaux.

Dans les étirages aucun changement important n'est à signaler; ces machines, par leur simplicité même, offrent peu de ressources au génie de l'inventeur.

Nous arrivons enfin aux bancs à broches. Là aussi une augmentation sensible de production est à constater; elle est principalement due à l'allongement des collets; cette heureuse modification permet d'imprimer à la broche une vitesse beaucoup plus accélérée que par le passé. La forme conique donnée aux bobines avait déjà permis la suppression des plateaux si encombrants, et la force centrifuge habilement utilisée amasse maintenant sur le tube, au moyen d'un presseur, un poids de coton bien plus considérable qu'autrefois.

En résumé, comme nous le disons au début de ce chapitre,

nous avons à signaler peu d'inventions nouvelles, mais, en revanche, de nombreuses améliorations qui perfectionnent très-sensiblement les inventions précédentes. On est ainsi parvenu à appliquer ces nouvelles machines dans les pays où jusqu'ici la cherté du charbon en rendait l'adoption moins avantageuse, et où, d'un autre côté, le taux abaissé de la main-d'œuvre, amoindrissant la supériorité des procédés nouveaux sur les anciens, rendait moins urgente la transformation du vieux matériel.

CHAPITRE IV.

SITUATION DE L'OUVRIER.

Dans tous les pays où l'industrie a pris un grand essor, et principalement en Angleterre, en Amérique et en France, le taux des salaires s'est sensiblement élevé pendant ces dernières années.

D'après les chiffres tirés en partie de l'ouvrage du professeur Lévi, ouvrage qui complète les travaux de MM. Baker et Chadwick, sur la situation économique et morale des ouvriers employés dans l'industrie du coton, nous avons pu établir pour l'Angleterre le tableau suivant :

GAGES PAR SEMAINE DE 60 HEURES DE TRAVAIL	1850	1860	1867
Fileurs à la main pour les numéros fins.	25 fr.	33 fr.	37 fr.
Conducteurs de *self-acting*...............	22	26	28
Rattacheurs (au-dessous de 18 ans).......	10	12	13
Ouvrières des étirages..................	15	17	18
Ouvrières des bancs à broches...........	14	16	18

Le professeur Lévi ajoute, comme observation, que les salaires des ouvriers cotonniers, les fileurs exceptés, sont moins élevés que ceux de la plupart des autres industries en Angleterre ; en revanche, presque tous les membres d'une même famille trouvent de l'emploi dans la manufacture et contribuent ainsi au bien-être commun.

Le chiffre de la mortalité varie considérablement dans les différents districts cotonniers ; en 1864 on a constaté qu'il était de :

3,13	pour cent	à Manchester.	2,57	pour cent	à Rochdale.
2,82	—	à Salford.	2,35	—	à Bumley.
2,77	—	à Bolton.	2,18	—	à Stockport.
2,72	—	à Preston.	2,20	—	à Oldham.
2,61	—	à Blackburn.	2,20	—	à Ashton.

Or, la moyenne de la mortalité pour l'Angleterre et le pays de Galles est de 2,58 pour 100.

L'état, en général, peu satisfaisant des logements des ouvriers et leur mauvaise alimentation ont été jusqu'à présent la cause de la différence que les tables de mortalité accusent au désavantage du Lancashire. 33 pour 100 de la population de ce comté payent moins de fr. 2,80 de loyer par semaine ; 35 pour 100 payent de fr. 3,30 à fr. 4,75 ; et 32 pour 100, fr. 250 et au dessus par an.

La classe ouvrière proprement dite habite de préférence des maisons garnies, peu éloignées des manufactures, mais étroites et malsaines, qu'elle ne paye ordinairement que de fr. 1,95 à fr. 2,80 par semaine ; or, on ne peut pas trouver de logement salubre à moins de 3 francs.

Il faut reconnaître cependant que les habitudes d'ordre et d'économie ont fait, depuis peu de temps, des progrès sérieux parmi les ouvriers des districts cotonniers de l'Angleterre ; M. L. Ashworth le constatait dans un Mémoire lu devant l'Association des sciences sociales à Manchester, en octobre 1866 ; ces progrès sont surtout attribués au développement de l'instruction primaire et aux heureux efforts des vulgarisateurs du principe coopératif. Encouragés par l'exemple de Rochdale, les ouvriers du Lancashire ont constitué, d'après ce modèle, un grand nombre de sociétés tant pour la consommation que pour la production ; à la fin de décembre 1865, ils en possédaient 139, dans le Lancashire seulement ; le capital était de 10 millions de francs. Les caisses d'épargne du comté avaient, à la même époque, 137,000 comptes courants et 92,500,000 francs en dépôt.

Aux États-Unis, les salaires sont environ de 10 à 15 pour 100 plus élevés qu'en Angleterre, et on le comprend sans peine ; tout est à créer dans cet immense pays ; les bras manquent ; ce n'est que par l'appât de salaires très-rémunérateurs que les industriels peuvent faire venir de pays étrangers les travailleurs nécessaires à l'activité de leurs usines. Au moyen de tarifs protecteurs, si élevés qu'il est permis de les qualifier de prohibitifs, ils cherchent à s'affranchir des importations étrangères et à se suffire à eux-mêmes ; ce système, nouveau pour eux, leur réussira-t-il ? L'avenir seul nous l'apprendra. Pendant que la France, imitée en cela par presque tous les pays du continent, fait un pas en avant dans la voie des libertés commerciales, les États-Unis tendent à revenir au point d'où nous étions partis.

Les autres pays, l'Autriche, le Zollverein, l'Espagne, la Suisse, la Belgique et la Russie, sont moins bien situés que l'Angleterre, qui obtient le charbon et les machines à des prix très-abaissés, et l'Amérique, qui trouve la matière première à pied d'œuvre ; pour compenser ces causes d'infériorité, ils sont dans la nécessité d'imposer à leurs ouvriers un travail prolongé, tout en leur accordant pour chaque journée une moindre rémunération. Dans chacun de ces pays l'ouvrier travaille plus de 12 heures, mais par sa frugalité, son assiduité, il suffit peut-être aux besoins de son existence tout aussi facilement qu'en Angleterre et en Amérique avec des salaires de beaucoup supérieurs. Notons cependant que, là où l'industrie ne se soutient que grâce à la faible rétribution de ses ouvriers, elle est bien moins vigoureusement constituée que dans d'autres contrées qui doivent leur prospérité à leur situation géographique ou aux richesses minières que renferme leur sol.

En France, le taux des salaires, sensiblement augmenté depuis dix ans, tient le milieu entre ceux de l'Angleterre et de l'Amérique d'une part et ceux des autres pays; moins élevé que les premiers, il s'en rapproche cependant d'année en année. Les industriels, en même temps que les salaires augmentaient, transformaient leur matériel et substituaient partout le travail de la machine à la force musculaire de l'homme; ainsi la fatigue de l'ouvrier diminue et son salaire s'élève, moins de peine et à la fois plus d'aisance.

Ce double fait est le caractère distinctif des quelques années que nous venons de traverser. Partout la puissance de la vapeur domptée et réglée par l'intelligence humaine vient heureusement suppléer à la force que l'ouvrier dépensait pour achever le travail que la machine seule mène à bonne fin aujourd'hui. Aidé du renvideur mécanique, l'homme le moins robuste, mais en employant mieux son intelligence, parvient à diriger un bien plus grand nombre de broches que l'homme le plus vigoureux, déployant d'énergiques efforts, n'en pouvait conduire autrefois.

Ce triomphe de l'intelligence sur la matière s'est accompli dans notre industrie en rétribuant plus largement ceux dont elle diminuait le travail et la fatigue. Tel fileur qui, renvidant lui-même son métier, gagnait autrefois 18 à 20 francs, en gagne aujourd'hui de 24 à 27, en se contentant de surveiller et de soigner les organes de la machine qui lui est confiée.

En France, l'industrie du coton, plus disséminée qu'en Angleterre, où presque tout est concentré dans le Lancashire, ne nous permet pas de donner, comme pour ce dernier pays, un tableau complet et exact des salaires; les chiffres qui seraient vrais pour Rouen ne le seraient pas pour le Nord, et ceux-ci à leur tour différeraient sensiblement des prix de main-d'œuvre payés dans les Vosges et à Mulhouse.

L'augmentation du salaire, excellente en principe, a été

amenée bien plus par le manque d'ouvriers que par l'élévation du prix des choses destinées à leur existence. Au milieu du grand essor industriel qui s'est manifesté chez nous depuis quinze ans, chacun, par un accroissement des salaires, s'est efforcé d'attirer des bras dans ses usines; les besoins de la vie n'augmentant pas dans la même proportion, l'ouvrier a eu un supplément de ressources, qui, au lieu d'être consacré à l'épargne, a été trop souvent dissipé. Il en est résulté que l'industrie, augmentant les salaires dans une forte proportion, afin d'avoir plus de bras, n'a pas toujours obtenu le résultat espéré; car l'ouvrier, gagnant en cinq jours assez pour vivre toute la semaine, s'est trop facilement habitué, dans nos grands centres manufacturiers surtout, à passer le lundi hors de l'usine.

La pensée d'intéresser l'ouvrier à la prospérité du chef d'établissement en lui allouant une portion des bénéfices, la coopération, en un mot, est venue à l'esprit de bien des personnes. La difficulté, pour l'industrie qui nous occupe, est d'appliquer d'une manière un peu générale ce principe excellent en lui-même et qui a si bien réussi à Rochdale.

Sans nous dissimuler les nombreux obstacles que rencontrera la mise en pratique du système coopératif, suivons-en avec intérêt les progrès, aidons-les à s'accomplir; là, peut-être, est la solution du problème de la réforme sociale; par là seulement l'industrie pourra se mettre à l'abri de ces grèves ruineuses pour les chefs, et plus encore pour les travailleurs qui attendent leur existence du labeur de chaque jour; par là seulement disparaîtra ce sentiment d'antagonisme qui, en éloignant l'ouvrier du patron, celui qui ne possède pas de celui qui possède, est une menace constante pour le repos public et l'ordre social.

SECTION II

INDUSTRIE COTONNIÈRE. — TISSAGE

Par M. Gustave ROY,

Membre du Comité consultatif des Arts et Manufactures.

La fabrication des tissus de coton est de toutes les industries celle qui occupe dans le monde entier le plus d'ouvriers, met en œuvre le plus de capitaux, et fournit à la consommation le vêtement le meilleur marché; elle tient le premier rang parmi nos industries textiles. Il nous a été donné, à l'Exposition universelle de 1867, de pouvoir comparer les produits de tous les pays et de nous rendre compte des aptitudes et des besoins des peuples. Jamais l'industrie cotonnière n'avait présenté une collection aussi complète et n'avait fourni à l'étude un champ aussi vaste. Derrière ces tissus qui attirent les visiteurs, les uns par leur bas prix, les autres par leur finesse ou leur élégance, se cachent les plus graves questions morales, sociales et politiques. Nous essayerons, en passant en revue la production des divers pays, de comparer leurs forces et de résumer les observations que nous avons faites en visitant l'Exposition.

CHAPITRE I.

PRODUITS ÉTRANGERS.

§ 1. — Grande-Bretagne.

Nous devons commencer par l'Angleterre, qui consomme à elle seule plus de la moitié du coton produit dans le monde. Ses 30 millions de broches et ses 400,000 métiers n'étaient représentés à notre grand concours international que par 31 exposants; mais, petits par le nombre, ils étaient grands par l'importance de leurs affaires. Aux cotons à coudre resteront attachés les noms de Waters et Cie, Ashworth et fils, Brook et frères, Clarke et Cie, Coats, Evans, Walter et Cie ; dans la filature et le tissage, les noms de Bazley, de Radcliffe, de Horrockstet-Miller et d'Armitage. Le Jury a remarqué les piqués et courtes-pointes de MM. Barlow et Jones et de Johnson Jabez et Filder, les serviettes de Christy et fils, les velours de Kessilmayer et Millodew. Nous voudrions pouvoir citer ici tous les noms des exposants anglais, car chacun dans sa spécialité a soutenu la réputation de l'industrie de son pays.

La consommation des tissus de coton est très-développée en Angleterre : elle est de 4 kilogrammes par tête, tandis qu'en France elle n'est encore que de 2 kilogrammes. L'exportation des tissus a été en 1860 de 2,525 millions de mètres pour une valeur de plus de 1 milliard. En 1865, à l'époque la plus grave de la crise cotonnière, cette exportation a atteint 1,634 millions de mètres pour une valeur de 1 milliard 121 millions de francs. L'importance de ces affaires permet à l'industriel anglais de faire toujours les mêmes articles, dont le débouché lui est assuré, et nous avons vu des établissements qui, avec 200,000 broches et 2,000 métiers, ne filent qu'un ou deux numéros et ne tissent que deux sortes. On comprend l'influence que cette manière d'opérer peut avoir sur le prix de revient.

C'est dans le Lancashire que l'industrie cotonnière s'est implantée et a poussé ses vigoureuses racines. Des villages autrefois à peine peuplés sont devenus des villes importantes et prospères. Oldham, Bolton, Stockport, Preston, Bury, Rochdale, Halifax, Huddersfield, Staty, Bridge, Blackburn, Asthon, sont des groupes de production considérables dont Manchester est le centre et le comptoir. C'est de là que de nombreux négociants commissionnaires, auxiliaires indispensables d'une grande industrie, exportent sur tous les points du globe une masse de produits anglais. Glascow est le marché des tissus fins. On comprendra facilement le trouble que toute perturbation dans l'approvisionnement de la matière première peut apporter dans une industrie dont le matériel est d'une valeur de 3 milliards, et dont dépend l'existence de près de 4 millions d'individus. Aussi est-ce pour Manchester une préoccupation constante, et le Jury doit un hommage particulier à l'Association pour l'approvisionnement du coton (*Cotton supply Association Company*), qui, dans la crise que nous venons de traverser, a rendu de si grands services. C'est à son initiative que l'Angleterre doit l'accroissement énorme de la production du coton dans l'Inde, accroissement qui a enrichi la colonie et sauvé la métropole. Le Jury s'est réservé de signaler dans le Rapport cette Association à la reconnaissance de tous ceux qui s'occupent de l'industrie du coton.

§ 2. — États-Unis d'Amérique.

L'Exposition ne peut donner une idée de l'industrie cotonnière en Amérique (États-Unis); des fils à coudre, quelques filés et tissus, ne peuvent représenter une production qui absorbe plus de 1 million de balles et qui arrive au second rang pour la consommation du coton. La guerre récente qui a désolé cette vaste contrée est probablement la cause de l'infériorité de l'exposition américaine ; mais l'Angleterre sait bien qu'elle trouvera dans l'industrie cotonnière des Etats-Unis une concurrence des plus redoutables.

§ 3. — Suisse.

La position géographique de la Suisse, enclavée au milieu de l'Europe, à 100 lieues de la mer, semblerait devoir lui interdire l'exportation; mais, grâce à ses chutes d'eau, d'un volume constant, au bon marché de la main-d'œuvre, et surtout à l'esprit d'entreprise de ses jeunes négociants, qui ne craignent pas de s'expatrier pour procurer à la mère-patrie les débouchés dont elle a besoin, la Suisse exporte des tissus pour une valeur de plus de 80 millions. Elle trouve ses principaux débouchés dans l'Inde où elle est en concurrence directe avec les Anglais, en Chine, et dans l'Archipel Malais, dans toutes les parties du monde enfin. Partout où il y a un commerce possible, on trouve le négociant de la Suisse, actif, persévérant, ne demandant sa fortune qu'à un travail opiniâtre et non aux spéculations qui ne créent rien de durable. L'industrie cotonnière est confinée dans les cantons protestants de la Suisse allemande ; elle compte près de 1,500,000 broches, 20,000 métiers mécaniques, et 75,000 métiers à la main. Les marchés régulateurs pour les tissus sont Winterthur et Saint-Gall. Cette dernière ville a fait une exportation importante de cotonnades et mouchoirs.

Les rideaux brodés ont attiré l'attention des jurés ; les plumetis présentés à l'Exposition sont remarquables par leur bon marché. La Suisse exporte pour 10 millions de broderies à la mécanique et 20 millions de broderies à la main.

§ 4. — Zollverein.

Le progrès de l'industrie cotonnière dans le cercle de l'ancienne Union douanière allemande est manifeste. Le nombre de broches, qui, en 1846, était de 80,000, s'élève aujourd'hui à 2,500,000, qui travaillent principalement les numéros au dessous du numéro 60 anglais (1). La filature est encore loin toutefois de répondre aux besoins du tissage, et la différence est compensée par une large importation de filés ; l'exportation en tissus divers dépasse 10 millions de kilogrammes. Cette industrie se trouve répartie sur divers points du territoire. La Prusse avec 450,000 broches, 80,000 métiers à main et 8,000 métiers mécaniques ; les provinces du Rhin, avec 300,000 broches, 15,000 métiers à main et 6,000 métiers mécaniques ; le Hanovre avec 64,000 broches et 1,200 métiers; la Silésie, avec 72,000 broches ; la Hesse et la Brunswick, avec les leurs, présentent un ensemble de production considérable. Au premier rang nous citerons l'industrie de Gladbach (Prusse rhénane), qui, en dix années, a doublé d'importance. Ses tissus mélangés de laine et coton sont à la fois élégants, solides et à bon marché ; nos industriels y trouveront un sujet d'étude intéressant et profitable. La fabrication d'Elberfeld, pour ses rubans de coton, ses lacets et ses gances, est connue du monde entier. La Prusse est encore dignement représentée par les produits de la manufacture de Zinden (Hanovre), ceux de Spiermann, de Mœlau, de Mitscherlich, et tant d'autres qui ont été remarqués à l'Exposition.

La Bavière occupe un rang important dans le Zollverein ; la plupart de ses filatures produisent les numéros fins, ce qui, en Allemagne, est une exception. Celle d'Ettlingen joint à 30,000 broches 1,000 métiers mécaniques.

La Saxe nous a montré par l'exposition collective de Plauen un spécimen de ses rideaux brochés, qui ont été justement admirés, ainsi que les fils de Hauschild, destinés à la bonneterie, au tricot et au crochet, et les filés de Chemnitz.

Le Wurtemberg est, de tous les États de l'Allemagne du

(1) Ce numéro correspond au n° 20 des filés français.

Sud, le plus avancé dans l'industrie cotonnière : plusieurs de ses fabriques travaillent pour l'exportation, et nous devons citer en première ligne la maison Staub et Cie, qui joint à une filature de 30,000 broches 1,000 métiers mécaniques ; Elsass et Cie, pour ses tissus mélangés laine et coton. Le bon marché de la main-d'œuvre, l'esprit d'ordre des populations ouvrières, la vie modeste des chefs d'établissements, qui se contentent de petits bénéfices, permettent au Wurtemberg de lutter, à l'exportation, pour plusieurs articles, et le pays y trouve la garantie d'un avenir de progrès.

§ 5. — Autriche.

C'est au lendemain de la guerre de 1866 que l'Autriche a dû se préparer à la lutte pacifique qui s'ouvrait à l'Exposition universelle. La province la plus industrielle de l'empire, la Bohême, avait été ravagée par les armées étrangères. Ses exposants avaient à représenter un pays qui occupe 350,000 ouvriers à la filature et au tissage du coton, qui possède environ 1,700,000 broches, 15,000 métiers mécaniques et 80,000 métiers à bras, et qui exporte pour plus de 20 millions ; ils ont dignement représenté l'Autriche. Liebig et Cie exposaient les produits d'une filature de 70,000 broches qui, sous peu, sera portée à 90,000 et d'un tissage de 1,100 métiers ; la fabrique d'Inspruck et celle de Michel Hainisch nous ont montré qu'elles savent tirer un excellent parti du coton des Indes. Stametz et Cie ont exposé des tissus écrus irréprochables ; Richler, des velours admirables ; Graumann, des futaines à bon marché ; Witschel et Reinich, des piqués d'une rare perfection. On le voit, l'ensemble de l'exposition autrichienne est des plus satisfaisants.

§ 6. — Belgique.

La filature et le tissage du coton emploient dans ce pays un grand nombre de bras ; 30,000 ouvriers mettent en œuvre

15 millions de kilogrammes de coton, et produisent pour environ 74 millions de francs de tissus, dont la plus grande partie est consommée à l'intérieur (1). La Belgique possède plus de 600,000 broches de filature généralement bien montées ; elle est en voie de progrès, et son industrie a presque doublé depuis vingt ans. L'exposition collective de Gand, dans laquelle nous remarquons les produits des maisons Hemptinne, de Smet, de Lousberg, a mérité l'approbation du jury ; les articles mélangés pour pantalons, de l'arrondissement de Tournai, font concurrence à la fabrication de Gladbach. L'exposition collective de Renaix nous montre un emploi ingénieux du lin, du coton et de la laine dans les articles mélangés. L'exposition de couvertures de Termonde se fait remarquer par des prix d'un bon marché poussé aux dernières limites. Les piqués et courtes-pointes exposés ne laissent rien à désirer.

§ 7. — Russie.

Il y a quarante années que l'industrie cotonnière a débuté en Russie, et nous l'y voyons se développer avec rapidité. On peut se rendre compte de ses progrès par ce fait qu'en 1824 l'importation était de 1,600,000 kilogrammes de coton brut, et de 6,400,000 kilogrammes de coton filé, et qu'en 1859, avant la crise cotonnière, l'importation montait, pour le coton brut, au chiffre de 45 millions de kilogrammes, et était descendue, pour les filés de cotons, à celui de 2,200,000 kilogrammes. Depuis quelques années la filature russe a tiré du Caucase et des provinces d'Asie beaucoup de coton. On estime à 11 millions de kilogrammes la consommation de ses cotons en 1864. La Russie se présente à l'Exposition universelle avec ses 1,800,000 broches, réparties dans les gouvernements de Saint-Pétersbourg, de Moscou, de Vladimir, de Tver et de Pologne. Nous avons remarqué les pro-

(1) On estime que cette consommation, pour une population de 4,732,000 habitants, monte à 2,33 kilogrammes par tête.

duits de la filature de Newsky, de 150,000 broches, presque entièrement *self-acting*, celle de Reutovo, de 80,000 broches. Le tissage mécanique ne compte en Russie que 12,000 métiers environ, mais le nombre des métiers à la main est sept ou huit fois plus considérable ; ils produisent une grande variété d'articles unis et de diverses couleurs. Hommes et femmes exécutent ce travail domestique pendant les sept mois d'hiver. Les fabricants-négociants, pour lesquels ils travaillent à façon, leur envoient les chaînes préparées et la trame. Ces tissages fournissent à la consommation du pays tous les articles courants, et alimentent une exportation considérable dans les provinces d'Asie, exportation qui prend chaque jour une plus grande importance : en 1864 le chiffre s'en est élevé à 4 millions de roubles, soit 15 ou 16 millions de francs. L'industrie cotonnière emploie en Russie 235,000 ouvriers.

Nous devons dire toutefois que, protégés par des droits considérables contre la concurrence étrangère, les industriels arrêtent, par des prix élevés, une consommation qui ne demanderait qu'à s'étendre si elle était stimulée par des prix inférieurs. Le moment nous semble arrivé, pour la Russie, de donner, par l'abaissement de son tarif douanier, un stimulant nécessaire à son industrie cotonnière, qui occupe aujourd'hui dans le monde la sixième place par rang d'importance, et nous osons appeler sur ce point l'attention des hommes d'État qui sont venus visiter l'Exposition universelle.

§ 8. — Espagne, Portugal, Italie.

L'Espagne possède 1,300,000 broches de filature et 67,000 métiers dont 2,000 seulement mécaniques. L'industrie du coton est centralisée en Catalogne ; les produits exposés, entre autres ceux de la Compagnie industrielle espagnole, et ceux de Juncadella, soutiennent la comparaison avec les meilleurs tissus des autres pays. Le Portugal est également en progrès ; depuis dix ans, il a presque doublé le nombre de ses broches; les produits de la filature de Custana, notamment, ont été remarqués.

La culture du coton a pris, depuis quelques années, une grande importance en Italie ; sa production moyenne, depuis trois ans, a été de 33,510 quintaux métriques. Les provinces méridionales et la Sardaigne fournissent de beaux cotons.

La filature italienne possède 450,000 broches divisées en 200 établissements ; le tissage compte 86,000 métiers, dont la majeure partie travaille à la main. Les produits de ces manufactures sont loin de suffire à la consommation du pays, qui demande annuellement à l'étranger pour 32 millions de francs de filés et pour 58 millions de tissus de coton.

M. Cantoni de Milan occupe 2,000 ouvriers dans ses divers ateliers à la filature, au tissage, au blanchiment et à la teinture.

§ 9. — Pays-Bas, Suède, Norwége.

Les tissus que fabrique la Hollande en vue de l'exportation dans ses colonies ont attiré l'attention du Jury. Les tissus de couleurs variées de Stork ont une grande réputation à Java et dans l'Inde ; les tissus de Wilson et du tissage de Wenendal figurent honorablement à l'Exposition. Dans la Suède et la Norwége nous avons surtout apprécié les filés de Rosenlund et les toiles à voiles de Nydalen. Ces dernières sont parfaites.

CHAPITRE II.

INDUSTRIE COTONNIÈRE FRANÇAISE.

C'est la première fois que, dans une Exposition universelle, on voit l'industrie cotonnière française aux prises avec la concurrence étrangère. L'Exposition de Londres, en 1862, ne pouvait constater les avantages d'un système trop récent ; nous nous rendons compte aujourd'hui du résultat des six dernières années, et il nous est permis d'affirmer que nos industriels ont lutté vaillamment ; sous la pression de la nécessité le matériel s'est transformé ; presque toutes nos filatures de numéros ordinaires sont munies de métiers *self-acting* ; la préparation (batteurs, cardes, bancs à broches) a été améliorée et adaptée à la filature du coton de l'Inde ; le tissage a remplacé en grande partie l'ancienne machine à parer par l'encolleuse, et installé, pour les articles ordinaires, les métiers à grande vitesse. Au milieu même de cette transformation du matériel, éclata la guerre d'Amérique ; on peut se figurer ce que l'industrie eut à en souffrir quand on voit que le coton Middling-New-Orléans, dont le prix normal avant la guerre était de 1 fr. 80 c. le kilogramme, a été payé jusqu'à 7 francs en 1864. Il n'en fallut pas moins trouver du travail pour 600,000 ouvriers, et nous devons dire à son honneur qu'elle s'est imposé, pour atteindre ce but, les sacrifices les plus grands. Jamais, à aucune exposition, la fabrication cotonnière de la France ne s'est présentée aussi complète.

La filature française compte près de 7 millions de broches ; elle a mis en œuvre 120 millions de kilogrammes de coton importés en 1866 ; elle fournit la matière première à 80,000 métiers mécaniques et à 200,000 métiers à bras. Il importe à cette industrie du tissage que la matière première lui soit fournie au meilleur marché possible, et l'entrée des filés étrangers, avec un droit modéré, ménage les intérêts des deux industries. Jusqu'ici l'importation des filés s'est faite principalement sur les numéros fins, qui, expédiés par échevettes, peuvent mieux voyager ; dans les numéros ordinaires la chaîne seule a pu donner lieu à une importation qui s'est faite principalement sur le numéro 32 anglais, correspondant au numéro 27/29 français ; la trame supporte difficilement le voyage, la filature anglaise ne la mettant pas sur tube. L'importation totale des fils de coton propres au tissage a été, en 1866, d'environ 2 millions de kilogrammes.

Nous laissons à l'un des secrétaires du groupe, chargé de

cette partie du Rapport, le soin de s'occuper de la filature; nous n'en parlerons que dans ce qui se rattache au tissage ; cependant, ayant eu l'honneur de présider les délibérations du Jury, il nous sera permis de citer, en leur rendant hommage, les noms de Dollfus-Mieg, Bourcart, Schlumberger, Naegely, Kessler, Delebart-Mallet, Vatine, Cox, Barrois, Wibaux-Florin, Octave Fauquet, qui ont soutenu la réputation de la filature française.

Nous suivrons, dans notre examen des tissus, la classification du Comité d'admission, qui a divisé la fabrication française en quatre groupes principaux.

§ 1. — Haut-Rhin et Vosges.

Les cours d'eau de ces départements et des machines évaluées en force à 15,000 chevaux mettent en mouvement 1,700,000 broches et 47,000 métiers, produisant plus de 300 millions de mètres de tissus (9,000 métiers environ travaillent à la main). Environ 85,000 ouvriers sont occupés par cette industrie. Le centre commercial de nos départements de l'Est se trouve à Mulhouse ; une Bourse y réunit tous les industriels de la contrée, le mercredi de chaque semaine. Le Jury a spécialement remarqué les produits de MM. Ernest Seillière et Cie, ceux de Charles Mieg et Cie et de Gros Roman, Marozeau et Cie, que nous avons depuis longtemps l'habitude de trouver au premier rang ; la fabrication si variée de Boigeol-Japy, qui mérite une mention spéciale pour ses rayures pour meubles et ses velours moleskine ; celle de Schlumberger fils et Cie, de Risler, de Bian. En général la fabrication alsacienne se distingue par le soin et la régularité ; sous ce point de vue elle est supérieure à la fabrication anglaise, qui, plus préoccupée du prix de revient, néglige souvent quelques détails qu'exige la consommation française. La fabrication des tissus mélangés a son centre à Sainte-Marie, qui fait des étoffes très-variées et d'un goût élégant ; la fabrication de Mohler et fils, d'Obernai, mérite d'être signalée.

§ 2. — Normandie.

Ce groupe comprend les départements de la Seine-Inférieure, de l'Eure, du Calvados et de l'Orne, et forme un groupe industriel des plus importants. Situé près du littoral, il reçoit la matière première dans les conditions les plus favorables. Le département de la Seine-Inférieure compte à lui seul 130,000 broches et emploie 159,000 ouvriers, dont 110,000 travaillent dans les campagnes au tissage à la main; 32,000 sont occupés au tissage mécanique, et 17,000 à la filature. La fabrication des articles compris sous le nom de *rouennerie* se compose de tissus de diverses couleurs, faits au métier à plusieurs navettes, et justifie ce grand nombre de métiers à la main dont la production peut s'élever à la valeur de 85 millions par an. Nous avons regretté que ce genre de fabrication n'ait pas été plus grandement représenté à l'Exposition; nous citerons toutefois les noms de Lepicard et de Leroux Eudes, qui tiennent le premier rang dans cette industrie. Parmi les tissus unis nous avons surtout remarqué les toiles de coton et les velours de Dégenetais frères, ceux de Bertel et de Pouyer-Quertier. Flers est le centre d'une fabrication des plus intéressantes; cette ville a exposé des coutils pour stores, des étoffes damassées pour literie, des coutils pour corsets d'une rare perfection, et des articles pour chemises et pantalons d'un excellent usage; cette fabrique est en progrès. Flers occupe 3,500 ouvriers qui travaillent sur 3,000 métiers, presque tous à la main. MM. Toussaint et Édouard Lebugeur nous ont paru mériter une mention spéciale. Évreux fabrique aussi d'excellents coutils; Condé-sur-Noireau, de bonnes toiles de coton.

§ 3. — Nord, Somme et Aisne.

Les produits de ces contrées sont très-variés; nous trouvons la filature des cotons fins pour tulles et dentelles et de numéros inférieurs qui alimentent la fabrication de Roubaix.

Amiens fabrique des velours de coton de bonne qualité pour une somme de 18 millions environ par an. Cette industrie était représentée, en 1867, par MM. Bulan et par MM. Mercier-Meyer ; on leur doit un encouragement, car ils ont à lutter avec la concurrence anglaise, qui produit dix fois plus et trouve dans l'importance même de sa fabrication l'élément principal du bon marché.

Saint-Quentin a exposé ses rideaux brochés, où le goût s'allie au bas prix. Nous avons remarqué surtout les petits rideaux de Hugues-Cauvin, tissés à la mécanique, au prix de 45 à 80 centimes le mètre ; les rideaux stores de Lehoült et Cie, de Trocmé-Baudouin ; les guipures en coton et en fil de Moncouët-Quérette et Cie. Pour le broché, Saint-Quentin est supérieur à ceux de nos concurrents étrangers ; il n'en est pas de même des piqués, en face de la concurrence de l'Angleterre et de la Belgique. Saint-Quentin est encore le marché d'une foule d'articles unis et de fantaisie ; on y fait admirablement les bandes indéplissables et les devants de chemises tissés, ainsi que d'autres tissus pour la lingerie et la confection.

§ 4. — Tarare, Roanne et Thizy.

Le groupe de Tarare comprend, avec Tarare même, Roanne et Thizy, dont nous avons vu les cotonnades variées. Cette exposition collective se distingue par de grandes qualités; elle présente des tissus pour robes d'un usage excellent et d'un prix modéré ; le Jury a toutefois remarqué que les lisières n'étaient pas régulières; il serait facile d'y remédier en employant pour ces lisières quelques fils retors. Tarare fabrique la mousseline de toutes qualités et des tarlatanes pour lesquelles elle n'a pas de concurrence. Ces articles se tissent à la main, sauf quelques mousselines communes. L'ouvrier tisserand reçoit du fabricant négociant le coton nécessaire et travaille à façon ; Tarare est donc plutôt un comptoir de réception de marchandises qu'une ville manufacturière. Toute l'exposition des tarlatanes et grenadines mérite des éloges ; ces tissus légers, pour lesquels nous n'avons pas de rivaux, donnent lieu à une assez large exportation. Mais il est un article dans lequel Tarare excelle et attire l'attention du public comme il a attiré d'abord celle du Jury : nous voulons parler des rideaux brochés. La broderie au crochet qui se fait à Tarare nous semble supérieure à la broderie au passé des rideaux suisses, en ce qu'après plusieurs blanchissages elle ne se trouve pas détériorée, ce qui importe à la consommation, et c'est à ce point de vue que nous devons nous placer ; aussi avons-nous constaté avec plaisir que cette industrie, si intéressante en ce qu'elle fournit du travail à de nombreuses ouvrières, loin d'être compromise par la broderie suisse, dont on annonçait l'invasion, est aujourd'hui prospère et confiante dans ses forces.

Tarare occupe 50,000 ouvriers, qui partagent leur temps entre les travaux de la campagne et ceux de l'industrie. Le cadre trop restreint de ce Rapport ne nous permet pas de citer tous les noms de ceux qui se sont distingués par leur habileté et leur goût.

§ 5. — Industries diverses.

Le Jury de la classe 27 a eu à s'occuper de plusieurs fabrications spéciales, telles que les ouates, parmi lesquelles celles de M. Faure-Beaulieu méritent d'être signalées ; les tissus pour parapluies, les rubans de coton et de fil et coton de MM. Lauwick frères, qui étonnent par leur bon marché.

Il est une industrie qui est le complément du tissage ; c'est celle du blanchiment et des apprêts ; car il ne suffit pas qu'un tissu soit bon et régulier, il faut encore que le blanchiment n'en altère pas la qualité, et que, par l'apprêt et le pliage, il soit présenté d'une manière favorable à la vente. Les blancs et apprêts anglais n'ont pas réussi en France ; la consommation n'a pu s'y habituer, et le négociant a préféré importer en écru, la surcharge de poids que présentent les articles blanchis augmentant singulièrement le droit. Pour le blanchiment des tissus lourds, les maisons Gros-Roman, Marozeau et Cie, Mertzdorff, Davillier et Champy se partagent la faveur des acheteurs. Pour les tissus finis, Mac-Culloch, de Tarare, a rendu les plus grands services. Puis viennent les teinturiers qui préparent les articles pour doublures, et au premier rang Haeffely, Steinhel, Dieterlen et Crosnier. Ce dernier joint à cette industrie celle des tissus gaufrés pour la reliure.

Tel est le champ d'activité de l'industrie cotonnière française. Le mouvement extérieur de cette industrie est représenté par les chiffres suivants :

TISSUS DE COTON UNIS, FAÇONNÉS, ÉCRUS ET TEINTS, VELOURS (LES TISSUS IMPRIMÉS EXCEPTÉS).

Importation.

1866	1865	1864
2,511,376 kilogr.	624,794 kilogr.	712,363 kilogr.

Exportation.

8,427,761 kilogr.	8,242,281 kilogr.	7,682,285 kilogr.

TISSUS MÉLANGÉS.

Importation.

600,674 kilogr.	478,376 kilogr.	104,613 kilogr.

Exportation.

281,162 kilogr.	330,471 kilogr.	338,742 kilogr.

Ainsi que nous l'avons dit, la France a reçu, en 1866, 120 millions de kilogrammes de coton, dont il faut déduire au moins 20 pour 100 de déchet ; il en résulterait que ses fabriques ont produit environ 96 millions de fils et tissus, sur lesquels il a été exporté :

Fils de coton...	407,000	10,919,000 kilogr.
Tissus divers...	8,427,000	
Tissus imprimés	2,08,5000	

La consommation intérieure de la France, pour l'année 1866, en articles manufacturés avec du coton, peut donc être évaluée approximativement à 85 millions de kilogrammes; il convient encore d'y ajouter 3,600,000 kilogrammes de filés et 2,500,000 kilogrammes de tissus reçus de l'étranger pendant le courant de l'année 1866.

CHAPITRE III.

CONCLUSION.

Après avoir passé en revue l'exposition des divers pays, il nous reste à comparer leurs forces industrielles, à nous rendre compte de ce qui a contribué au développement de l'industrie cotonnière chez les peuples où elle est plus avancée, à rechercher en quoi leurs institutions ont aidé à ce résultat. L'Angleterre, les États-Unis, la Suisse nous fourniront des points de comparaison, et nous étudierons si dans l'instruction publique, dans les habitudes commerciales, dans l'organisation militaire, dans les lois qui les régissent, il n'y a pas des éléments de succès qui nous manquent.

Instruction publique. — Nous avons constaté, dans nos visites à l'Exposition, que, plus l'instruction est répandue, plus l'industrie qui nous occupe est prospère, qu'elle l'est surtout dans les pays où le citoyen a conscience de sa dignité, connaît ses droits et ses devoirs. Les États-Unis, les districts manufacturiers d'Angleterre et d'Écosse, les cantons protestants de la Suisse ont fait de grands efforts pour développer l'instruction de la jeunesse, et, en France, c'est en Alsace, dans les départements où l'instruction publique est le plus prospère, que nous reconnaissons le plus d'habileté chez l'ouvrier. Nous sommes heureux de pouvoir trouver cet exemple chez nous-mêmes, et de pouvoir citer avec orgueil les institutions par lesquelles nos industriels alsaciens ont cherché à améliorer la vie matérielle et intellectuelle des ouvriers. Mulhouse possède une école de tissage, une école professionnelle, une école de dessin, d'où sont sortis des contre-maîtres habiles, des constructeurs et des dessinateurs dont le talent et le goût ont pu être appréciés à l'Exposition. Des bibliothèques populaires ont été créées, des cours installés; il a fallu de grands efforts et de grands sacrifices pour organiser le progrès; mais, partout où l'on a semé, on a récolté, et nous devons espérer que les autres centres de notre industrie cotonnière, la Normandie, Saint-Quentin, Flers, Tarare, suivront ce généreux exemple. Que partout l'instruction primaire soit gratuite, c'est le bon moyen de la rendre obligatoire.

Habitudes commerciales. — Nous avons des industriels habiles, nous avons des ouvriers intelligents, nous n'avons pas de négociants. Nous avons constaté que notre fabrication est égale à celle des Anglais, des Américains, des Suisses, des Allemands, souvent supérieure quand il s'agit de soins minutieux et de goût; mais nous produisons plus chèrement. On en a cherché la cause dans la différence du prix des machines et de la houille, des transports; tout cela, certes, influe sur le prix de revient, mais ce qui empêche surtout notre industrie de prendre son essor, c'est le manque de débouchés. Notre consommation intérieure est moitié moindre que celle de la Grande-Bretagne, notre exportation nous fournit peu de ressources; cela vient en partie de la mauvaise distribution du travail.

Le fabricant anglais consacre toutes ses forces, intelligence et capitaux, à produire le plus grand et le plus économiquement possible; il laisse aux agents et aux commissionnaires le soin de chercher les débouchés et de faire le crédit; la marchandise tombant du métier est immédiatement mobilisée par l'avance qu'il reçoit de son dépositaire, et il se produit un bénéfice considérable par le seul fait d'une production constante d'un même article. En France, au contraire, nos industriels cherchent à se passer d'intermédiaires, supportent les stocks, font eux-mêmes le crédit et divisent ainsi leurs forces.

Pour trouver des débouchés il faut varier la fabrication, ce qui ne se fait pas sans grands frais ; tout en demandant à la marchandise un bénéfice plus élevé, nous gagnons moins que nos voisins.

Tout ce qui pourra aider au développement du commerce français doit être encouragé. Si nous voulons la prospérité de notre industrie, il faut pousser nos jeunes gens dans une voie nouvelle, leur montrer qu'il y a prospérité et honneur dans les affaires commerciales ; qu'il existe au delà des mers un débouché pour leur intelligence. A ces idées, qui ne sont pas celles de la jeunesse de nos colléges, joignons l'enseignement des langues vivantes ; apprenons à nos jeunes gens à ne rien demander qu'à eux-mêmes, et, au lieu de solliciter des places mal payées, ils iront fonder des comptoirs en concurrence avec les Anglais énergiques et audacieux, avec les Suisse laborieux, économes et persévérants, que l'on retrouve sur tous les points du globe et qui, en faisant leur fortune personnelle, ont créé des débouchés à l'industrie de la mère-patrie. Nous le répétons, ce qui manque surtout à notre industrie, c'est l'appui du commerce. Nous ne devons pas moins continuer à réduire les charges industrielles, en demandant le complément du réseau des chemins de fer et surtout une plus grande vitesse dans le transport des marchandises, les délais accordés actuellement pour la petite vitesse ne présentant aucun bénéfice sur l'ancien roulage ; la rapidité est beaucoup plus grande en Angleterre. Il est à désirer que le commerce s'habitue à mobiliser ses stocks au moyen de warrants ; ce système de crédit a été peu employé en France jusqu'ici.

Organisation militaire. — Au moment où il est question de la réorganisation de notre système militaire, il peut être utile d'étudier le régime des autres pays et de se rendre compte de son effet sur leur commerce et leur industrie.

Aux États-Unis, jusqu'au moment de la guerre qui vient de

finir, l'armée, très-peu importante, se recrutait par les engagements volontaires. Il en est de même en Angleterre. En Suisse, le service militaire, en temps de paix, consiste en quelques semaines consacrées à l'exercice et à l'inspection; nous ne pouvons nous dissimuler que l'industrie trouve dans ce régime de grands avantages, et, sans compter l'accroissement de la population qui lui fournit des ouvriers, elle peut au moins conserver ceux qu'elle a formés, et qui lui rendent les plus grands services à l'âge où ils pourraient être réclamés par la conscription. Il est évident aussi que des hommes de 20 à 27 ans sont plus disposés à aller au loin tenter la fortune qu'ils ne le seront plus tard, et que la Suisse et l'Angleterre doivent à cette jeunesse ardente et libre une partie de leurs succès dans leurs affaires lointaines. Le système des armées permanentes, envisagé sous le rapport industriel et commercial, est funeste; une réduction sérieuse de l'armée et l'organisation d'une forte réserve doivent être l'objet de nos désirs.

Nous avons cherché à esquisser en quelques mots ce qui, selon nous, fait la force des nations qui ont trouvé une grande prospérité dans l'industrie cotonnière. Nous devons, si nous voulons les suivre, nous appliquer à les imiter. L'Exposition universelle de 1867 n'a pas seulement mis sous nos yeux les produits de toutes les nations; en nous montrant les résultats, elle nous invite à en étudier les causes; nous espérons que cette étude tournera au profit de nos industriels français.

CLASSE 34

ARTICLES DE BONNETERIE ET DE LINGERIE, OBJETS ACCESSOIRES DU VÊTEMENT

BONNETERIE

PAR M. TAILBOUIS,

Fabricant, membre du Jury international de 1862.

CHAPITRE I.

CONSIDÉRATIONS GÉNÉRALES.

L'industrie de la bonneterie prend de jour en jour un développement plus considérable. Elle embrasse non-seulement les objets de consommation usuelle, tels que bas et chaussettes, caleçons, jupons, camisoles et gilets de tricot remplaçant la flanelle, mais encore les articles de fantaisie et de mode, tels que coiffures, capelines, châles, fichus et vêtements de toutes formes, en filet, tricot ou crochet, et enfin la ganterie de tricot en diverses matières.

L'utilité générale de ces produits multiples, pour la plupart hygiéniques, et leur consommation par toutes les classes de la société, indiquent l'importance de l'industrie qui les crée ;

aussi tient-elle une grande place dans le commerce général par le chiffre des transactions auxquelles elle donne lieu.

Dans presque toutes les contrées de l'Europe on fabrique de la bonneterie ; entre toutes, l'Angleterre, la France et la Saxe sont les plus grands et les meilleurs producteurs.

Cette industrie occupe un nombre considérable d'ouvriers, hommes, femmes et enfants, qui travaillent généralement en famille au tissage, à la couture et à la broderie ; le blanchiment et les apprêts se font en atelier.

La fabrication, qui est compliquée et minutieuse, laisse à la façon souvent plus de 50 pour 100 de la valeur des articles. Cependant une modification tend à s'opérer dans cet état de choses. L'Angleterre possède déjà un grand nombre de machines perfectionnées, d'invention nouvelle, dont le travail multiple, produisant, avec un même nombre de bras, un chiffre de marchandises beaucoup plus élevé, abaisse sensiblement le prix de la main-d'œuvre. Ces machines remplacent peu à peu le petit métier à bras, et, comme elles demandent une force motrice plus grande que celle de l'homme, elles ne peuvent être travaillées qu'en manufacture. La Saxe et la France commencent, depuis quelques années, à introduire ce même genre de machines dans leur fabrication.

Les matières employées par la bonneterie sont : le coton, la laine pure ou mélangée de coton, le cachemire, la soie, la bourre de soie et le fil de lin. La plus grande consommation est en coton ; la France fabrique beaucoup avec de la laine pure, et l'Angleterre emploie davantage la laine mélangée de coton. La bonneterie de soie a diminué beaucoup d'importance depuis que le prix de la matière se maintient à des cours élevés. Enfin, le fil de lin tend à disparaître complétement de la bonneterie, à cause de l'inconvénient qu'il a d durcir à l'usage.

Le tricot se fait de trois manières différentes :

1° Avec la primitive aiguille à tricoter en bois ou en fer.

L'origine de ce travail remonte au delà de l'ère chrétienne ; il n'est plus guère employé aujourd'hui, dans les pays avancés dans l'industrie, que pour les articles de mode et de fantaisie, tels que coiffures, capelines, fichus, vêtements d'enfants, etc.

2° Avec le petit métier rectiligne, qui date de la fin du XVIe siècle, et dont tous les mouvements sont donnés, les uns avec les mains, les autres avec les pieds, au moyen de pédales. Nous ne répéterons pas ici l'historique de son invention ; nous ferons seulement observer que ce métier est aujourd'hui, sauf quelques légères modifications, ce qu'il était alors. C'est encore celui qui sert à produire la majeure partie de la bonneterie à lisières dites proportionnée. En 1844 a paru le métier rectiligne à rotation, qui subit successivement de grands perfectionnements jusqu'en 1860, où fut inventé en France un métier rectiligne à diminutions automatiques. Ce dernier, dont le travail ne demande que de la surveillance à l'ouvrier, est appelé à remplacer ses deux devanciers ; il est déjà assez répandu en Angleterre, mais en France et en Saxe il n'est encore employé que dans quelques manufactures importantes.

3° Avec le métier circulaire, qui fut inventé en France dans les premières années de ce siècle, mais qui ne commença à rendre des services qu'en 1827. Il est devenu d'un emploi général pour les marchandises à bas prix ; il sert à fabriquer des pièces de tricot cylindriques dans lesquelles on taille aux ciseaux des bas, gilets, caleçons, etc.

Des perfectionnements importants ont été apportés à ce genre de métier, sur lequel on obtient aujourd'hui toute sorte de dessins, soit en mailles à côtes, soit en mailles unies. Avec un des plus nouveaux systèmes on fait jusqu'à quarante rangées de mailles par chaque révolution du métier.

Les machines à coudre sont généralement employées pour la confection des tricots faits sur les métiers circulaires ; elles suppléent à l'insuffisance des ouvrières couseuses et réduisent le prix de la main-d'œuvre, tout en rémunérant l'ouvrière mieux que ne peut le faire la couture à la main.

La bonneterie compte à l'Exposition du Champ-de-Mars 227 représentants de tous pays, parmi lesquels la France, l'Angleterre et la Saxe tiennent le premier rang par l'importance de leur fabrication et la supériorité de leurs produits.

De grands progrès ont été réalisés dans cette industrie depuis ces cinq dernières années. L'Angleterre et la Saxe ont amélioré leurs qualités, en conservant leurs bas prix. La France a maintenu l'excellence de sa fabrication, et elle a fait de grands efforts pour renouveler et perfectionner ses moyens de production. Les expositions des autres pays producteurs, particulièrement de l'Espagne, du Wurtemberg et de l'Italie, témoignent de progrès relativement importants.

CHAPITRE II.

PRODUITS EXPOSÉS PAR LA FRANCE.

§ 1. — Fabrication et production d'ensemble.

L'exposition de la bonneterie française est la plus remarquable de toutes celles qui ont eu lieu jusqu'à ce jour. Elle compte 72 exposants, qui réunissent l'ensemble des diverses branches de cette industrie dans l'infinie variété de leurs produits. Elle possède tous les caractères du vrai progrès : fantaisies riches et de bon goût ; bonne fabrication, soignée dans les articles courants ; perfection minutieuse des qualités supérieures ; enfin, production des articles ordinaires, aux plus bas prix, par des moyens nouveaux. Mais c'est notamment dans la bonneterie de coton que le progrès revêt un caractère positif. En effet, c'est surtout à cette branche qu'ont été appliqués les métiers nouveaux perfectionnés, et ce sont ses produits qui ont valu à la France les deux seules distinctions décernées à la bonneterie :

L'une à M. Poron, qui, depuis des années déjà, fait de louables efforts pour la propagation des métiers nouveaux, et dont les articles dits à lisière rivalisent de bon marché avec la Saxe ;

L'autre à M. Guivet, dont les produits très-soignés ont fait connaître avantageusement la marque française sur le marché américain.

Cependant, il faut bien le dire, le blanchiment et l'apprêt sont loin d'avoir atteint le degré de perfection et d'économie auquel ils sont parvenus en Angleterre ; nous payons 1 franc ce qui ne coûte que 60 centimes à nos voisins d'outre-Manche. L'outillage des blanchisseurs français est non-seulement inférieur, mais encore très-incomplet ; ainsi ils ne peuvent pas faire un certain apprêt, dit *mérino*, qui donne à la bonneterie de coton l'apparence et le toucher du mérinos, genre de marchandise que l'Angleterre exporte en grandes quantités.

En 1857 on connaissait à peine en France le métier rectiligne à rotation à plusieurs divisions, dont l'Angleterre se servait depuis 1844, et il n'y avait en France aucun constructeur outillé pour faire ce genre de machines. Cependant un de nos manufacturiers, jaloux du progrès de nos voisins dans son industrie, entreprit vers cette époque, en prévision du traité de commerce, d'introduire en France les meilleurs procédés de la fabrication étrangère. Ces modèles furent modifiés et perfectionnés selon les exigences du goût français et donnèrent naissance par la suite à d'autres systèmes tout à fait complets. Aujourd'hui nous avons deux ateliers montés exclusivement pour la construction des métiers rectilignes automatiques à bonneterie, et notre matériel de fabrication n'a rien à envier à celui des étrangers, quant à la perfection. Il faut maintenant l'augmenter et le propager ; alors seulement nous pourrons lutter à armes égales avec nos concurrents, sur tous les marchés du monde.

Déjà le bon effet de ces améliorations naissantes s'est fait sentir; la bonneterie française a pu supporter sans dommages graves l'entrée libre de la bonneterie anglaise et saxonne, et l'avantage est resté à nos produits sur notre marché.

La production annuelle a sensiblement augmenté dans ces dernières années; elle atteint aujourd'hui environ 120 millions de francs, qu'on peut diviser ainsi :

Coton	60 millions.
Laine et cachemire	52 —
Soie et bourre de soie	7 —
Lin	1 —
Total	120 millions.

L'exportation a été, en 1866, du cinquième de la production, alors qu'en 1862 elle n'était que du dixième; elle a donc doublé en cinq ans. Cet accroissement notable est, sans contredit, le résultat de l'emploi des machines nouvelles, qui, en même temps qu'elles augmentent le chiffre de la production, en abaissent le prix de revient.

La situation de l'ouvrier bonnetier s'est aussi améliorée; son salaire a augmenté d'environ 30 pour 100, et l'apprentissage, qui avait été délaissé, reprend aussi son cours.

La France ne possède encore que peu de grandes manufactures de bonneterie; mais les petites fabriques y sont fort nombreuses. Les ouvriers, pour la majeure partie, travaillent chez eux; ils gagnent environ 30 pour 100 de moins que ceux qui travaillent en ateliers; le nombre de ces derniers ne dépasse guère 10 pour 100. Les femmes et jeunes filles au dessus de l'âge de douze ans entrent à peu près pour 45 pour 100 dans le chiffre total du personnel employé à la bonneterie. Leur travail consiste dans la couture, la broderie, les apprêts, et aussi le tricotage à la main des objets de fantaisie; ce n'est que par exception qu'elles travaillent sur un métier à tricot.

La bonneterie est fabriquée dans plus de cinq cents communes en France. Nous citerons les principales, dans l'examen des produits exposés dans chacune des branches qui la composent.

§ 2. — Bonneterie de coton.

La bonneterie de coton est faite en grande partie en Champagne. Troyes en est le marché principal et Romilly un des plus grands centres de la fabrication. On fait également des articles de coton à Falaise, Guibray, Moreuil, Saint-Just, le Vigan, Saint-Jean-du-Gard, Arras, Rouen, etc.

Les produits exposés en tricot circulaire sont, en général, supérieurs, comme fini et comme variété, aux articles similaires étrangers, mais ils sont aussi d'un prix un peu plus élevé, sauf toutefois les sortes très-ordinaires, comme les bas de coton pour femmes à 2 francs la douzaine, et les chaussettes à 1 fr. 50 c., exposés par un manufacturier français, et qui n'ont nulle part leur équivalent pour le bon marché.

Les articles lourds pour la consommation ouvrière sont fort bien représentés, et, si leurs prix sont un peu supérieurs à ceux de la Saxe, ils sont aussi plus solides, et leur confection est meilleure.

Les genres exposés dans les mailles de moyenne grosseur, « diminués » et à la lisière, maintiennent la supériorité qu'ils ont acquise sur les propriétés équivalentes étrangères, par le fini et le soin minutieux apportés dans tous les détails de leur fabrication.

Enfin le bas de coton extra-fin, qui est fort peu demandé en France, est avantageusement remplacé par le bas dit de fil d'Ecosse (coton retors travaillé en blanc), type de goût et de fabrication exclusivement française, dont la maille transparente et glacée fait un bas élégant, rival du bas de soie. L'exposition française offre des spécimens de ce genre, depuis les sortes courantes jusqu'à ce que l'on peut imaginer de plus fin et de plus délicat, soit uni, soit à jours ou brodé.

La ganterie de fil d'Écosse représente deux sortes tout à fait distinctes : l'une faite sur le petit métier à tricot, gant à gant, doigt à doigt ; l'autre faite sur les métiers à la chaîne, en grandes pièces dans lesquelles les gants sont coupés de la même forme et de la même manière que les gants de peau, puis cousus à la main ou à la machine. La grande ressemblance de ces derniers avec la peau les fait préférer, en ce moment, aux gants de tricot.

§ 8. — Bonneterie de laine.

C'est en Picardie, dans la partie appelée le Santerre, que se fabrique la bonneterie de laine en général ; Villers-Bretonneux, Roye, Hangest, Harbonnières sont les principaux centres de cette production. Dans les départements de l'Eure, de la Haute-Garonne, du Bas-Rhin, des Hautes et des Basses-Pyrénées, on fait particulièrement les gros articles pour la classe ouvrière et la marine, ainsi que des tricots à la main. Enfin, dans les départements de l'Oise ou de l'Aube, on fabrique plus spécialement les articles en laine douce et ceux de fantaisie, tels que bas d'enfant, mitaines, poignets, etc. La ville d'Aix-en-Othe a conquis depuis quelques années une place importante dans ce genre de fabrication.

L'exposition des fabricants de Santerre est très-remarquable ; elle joint à la bonneterie classique de qualité forte, en laine longue, des articles de fantaisie riches et de bon goût. La fabrication est très-soignée ; des dessins et des dispositions nouvelles, avec mélanges ou moulinages de couleurs variées, d'un effet souvent heureux, témoignent d'efforts intelligents pour suivre le goût du jour. Mais on n'y voit pas, comme dans les bonneteries de coton, une part suffisante accordée aux progrès de l'outillage, progrès qui donnent de bons produits à prix réduits et augmentent le gain de l'ouvrier.

Les vestes pour hommes, en tricot circulaire, foulé, gratté

et peluche, sont fabriquées en Picardie et à Paris; leur tissu, épais et chaud, leur bonne confection, solide, en font pour l'ouvrier le meilleur vêtement d'hiver à bon marché; aussi ces vestes jouissent, tant en France qu'à l'exportation, d'une faveur très-méritée.

La ganterie de tricot de laine foulée, dite de castor, est magnifiquement représentée à l'Exposition. Le tissu est fait sur métier circulaire ou sur métier à la chaîne, en larges pièces, qui sont foulées, teintes et apprêtées comme le drap, pour être ensuite dépecées et coupées comme on le pratique pour la ganterie de peau. La beauté des tissus, la bonne coupe des gants et les jolies garnitures dont ils sont ornés, expliquent la faveur dont ils jouissent à l'étranger, et leur maintien dans la consommation si capricieuse de la France.

La bonneterie de laine mélangée de coton, qui tient une large place dans la production de l'Angleterre et de la Saxe, est presque ignorée en France. On ne l'estime pas; on la croit, à tort, moins solide et moins hygiénique que celle de laine pure, et cependant elle est plus douce à la peau et rentre moins au lavage que cette dernière. Il est vrai que les filateurs français ne sont pas montés pour produire des filés mélangés semblables à ceux de l'Angleterre. Là est, selon nous, la cause de l'insuccès actuel.

§ 4. — Bonneterie de soie et de bourre de soie.

La bonneterie de soie est surtout fabriquée dans le Midi, à Ganges, le Vigan, Saint-Hippolyte, Saint-Jean-du-Gard, Nîmes, Lyon, et aussi à Paris, Troyes et Saint-Just.

Cette belle branche de la bonneterie française, qui était si florissante autrefois, a beaucoup diminué d'importance. On en trouve la principale cause dans le prix toujours de plus en plus élevé de la soie. Aussi, à part quelques articles très-légers demandés par l'exportation, la bonneterie de soie ne s'adresse plus exclusivement qu'à la consommation de grand luxe. Elle est en partie remplacée par le fil d'Écosse, aussi bien pour la ganterie que pour les bas et chaussettes. Néanmoins on voit figurer dans quelques vitrines, comme spécimens de ce produit national, des chaussettes et des bas à rayures ou à carreaux aux mille couleurs, d'un effet original, suivant la fantaisie du moment, et des bas de soie blancs, unis et à jour. d'une merveilleuse finesse, enrichis de broderies dont l'élégance et la perfection sont appréciés des connaisseurs.

Les gants de soie dits satin-peau, quoiqu'ayant aussi perdu beaucoup de leur importance première, sont dignement représentés. Ils se font remarquer par leurs jolies nuances chatoyantes, leur coupe irréprochable et leur ornementation élégante. Cette sorte de ganterie se fabrique à Lyon, Nîmes et Saint-Just.

La bonneterie de bourre de soie a naturellement suivi la même décroissance que celle de soie, et pour la même cause. Les bas d'ecclésiastiques et la ganterie pour deuil et pour les établissements religieux sont à peu près les seuls articles en bourre de soie qui se soutiennent encore.

§ 5. — Bonneterie de fil de lin.

Ce genre de bonneterie est fabriqué à Hesdin et dans quelques autres communes du Pas-de-Calais. La difficulté de faire du beau tricot avec le fil de lin, et l'inconvénient qu'il a de durcir à l'usage, ont été cause du peu d'importance à laquelle cette branche est réduite depuis longtemps. Elle n'est même pas représentée à l'Exposition. Depuis quelques années elle décroît sensiblement, ce qui fait présumer qu'avant peu elle aura disparu pour être remplacée par le fil d'Écosse ou le coton.

Ainsi qu'on peut le voir par ce rapide aperçu, la bonneterie française tient un rang remarquable dans l'Exposition universelle de 1867, et le Jury a été unanime à y reconnaître de grands progrès réalisés dans les cinq dernières années. Le chiffre de la production annuelle et celui de l'exportation, qui ont considérablement augmenté pendant cette période, en sont la preuve incontestable.

Enhardie par l'expérience et sûre du résultat final, la bonneterie française devra donc marcher avec plus de confiance encore et de résolution dans la voie nouvelle des améliorations dans laquelle elle ne fait que d'entrer, et qui lui a déjà valu de si beaux succès.

CHAPITRE III.

PRODUITS ÉTRANGERS.

Angleterre. — La bonneterie anglaise est renommée dans le monde entier; elle domine depuis longtemps sur tous les marchés étrangers. Des trois grands pays producteurs de bonneterie, c'est l'Angleterre qui en fabrique le plus; sa production annuelle est d'environ 180 millions de francs. Elle embrasse tous les genres et toutes les matières de cette industrie. Cette fabrication est centralisée dans les trois comtés de Nottingham, Leicester et Derby, centralisation qui a dû puissamment contribuer à la prompte généralisation des perfectionnements successifs apportés dans cette industrie et à son grand développement. Il se fabrique aussi un peu de bonneterie à Balbriggan, en Irlande, et à Hawick et Galishiels, en Écosse. Fottingham produit plus spécialement les marchandises en coton et un peu celles en soie; Leicester, celles en laine pure et mélangée de coton; Derby, les articles en soie. A Balbriggan se fabriquent particulièrement les bas fins en coton écru qui portent ce nom.

L'esprit mercantile et entreprenant des Anglais leur a fait devancer les autres nations dans diverses industries, parmi lesquelles la bonneterie. La plupart de leurs manufactures sont établies sur un pied colossal, disposant de capitaux énormes. Le matériel de toute sorte y est considérable, et sans cesse amélioré par des inventions nouvelles. Les métiers de tout genre, circulaires ou rectilignes, à mailles unies ou à mailles à côtes, sont accompagnés d'une foule de petites machines ingénieuses, propres à terminer, assembler, remmailler, couper ou coudre le tricot fait sur les machines principales. La fabrication des articles de consommation générale surtout est montée sur la plus vaste échelle. Rien n'est épargné pour obtenir plus de célérité dans le travail, c'est-à-dire pour produire beaucoup en peu de temps et avec peu de bras, par conséquent à très-bas prix. Là est la grande force des fabricants anglais.

La bonneterie anglaise n'est représentée à l'Exposition universelle que par six exposants. C'est trop peu. Mais parmi eux il faut citer la Compagnie manufacturière de Nottingham, la plus grande fabrique de bonneterie du monde, dont l'exposition complexe représente toutes les sortes et qualités de bonneterie, et tous les genres de fabrication dans leurs derniers perfectionnements; perfectionnements dont MM. B. Hine et A. Mundella, chefs intelligents de cette manufacture, ont toujours été les promoteurs.

Les articles exposés dans les vitrines anglaises sont un peu de toutes les sortes. Les bas de coton blanchis, à 2 fr. 50 la douzaine, en maille fine, montrent la limite de bon marché à laquelle on peut descendre par les nouveaux procédés de fabrication; mais ces bas, de même que ceux de 2 francs exposés par la France, comptent peu dans la consommation; ils sont trop peu solides. Les bas de qualités courantes, les gilets et les caleçons en coton blanc et écru, de force moyenne, sont dans les meilleures conditions de prix et de qualité. Les bas de coton blanc fins et extra-fins sont sans rivaux pour la beauté de la maille et de la matière, et aussi pour l'éclat du blanc, qui n'a pas d'égal dans aucun pays.

Les articles dits *mérinos*, en laine mélangée de coton, tels que bas, chaussettes, gilets et caleçons, tiennent une large place dans la bonneterie anglaise, tant en blanc qu'en nuances beiges, mélangées de blanc. La régularité et la douceur des fils, jointes à un apprêt intelligent, font préférer, en Angleterre, ces articles à ceux en laine pure. L'élasticité et la souplesse que conservent, même en vieillissant, les gilets et les caleçons faits avec cette matière, les rendent plus agréables à porter que ceux de flanelle.

Depuis une dizaine d'années la fabrique anglaise s'est adonnée aux articles en couleur à dessins de fantaisie variés, et elle y réussit bien. Outre les bas à larges côtes, qui sont en ce moment une branche importante dans la bonneterie de mode, l'Angleterre expose d'admirables petits bas d'enfants aux carreaux et couleurs de tous les clans d'Écosse; des bas et des chaussettes en soie et en bourre de soie de couleur, avec de jolies dispositions nouvelles fort originales. Enfin, nulle part ailleurs on ne peut voir des bas unis en soie blanche d'une plus grande finesse et d'une plus remarquable régularité : ce n'est plus du tricot, c'est de la gaze.

Les articles en tricot de laine à grosses mailles, tels que gilets de chasse, vêtements de femme et d'enfant, guêtres et jupons, en général de modèles simples, sont faits au métier, et leurs prix sont peu élevés. Il s'en fait un grand commerce pour l'intérieur de l'Angleterre.

Le Canada seulement, parmi les colonies anglaises, a exposé quelques articles de bonneterie. Les uns, fabriqués sur métier circulaire, sont d'une confection tout à fait inférieure; les autres, tricotés à la main, n'ont aucun intérêt commercial.

En résumé, la bonneterie anglaise soutient sa renommée; elle a fait depuis 1862 de grands progrès dans la confection de ses produits, amélioré ses procédés de fabrication et agrandi son commerce.

Saxe et Prusse. — La Saxe est le pays qui produit la bonneterie au plus bas prix; mais ses qualités, quoique apparentes, sont moins bonnes, et ses apprêts sont moins beaux qu'en France et en Angleterre.

Les bas prix ont pour cause le faible salaire donné à l'ouvrier, salaire qui est de 30 à 40 pour 100 au dessous de celui de l'ouvrier français, puis le matériel, composé presque exclusivement, jusqu'à ces dernières années, de petits métiers en grande partie en bois, dont le coût et l'entretien sont insignifiants. L'infériorité des qualités est la conséquence naturelle des efforts continus des fabricants pour abaisser les prix et conserver ainsi à la bonneterie saxonne sa réputation de bon marché.

Mais, depuis les deux dernières expositions, les fabricants de Saxe sont entrés dans une voie meilleure; ils ont fait venir d'Angleterre et de France de nouveaux métiers perfectionnés, qui leur permettent d'améliorer leurs produits, tout en profitant toujours de leur condition avantageuse quant aux salaires minimes de leurs ouvriers; aussi leur exposition actuelle accuse des progrès réels.

Les bas de coton blancs en tricot circulaire sont certainement remarquables de finesse et de prix. Les bas et chaussettes « proportionnés » sont fins et bien faits, quoique de prix très-réduits. Les chaussettes en fil d'Écosse rayées en couleur sont d'assez bon goût et bien travaillées. Les gilets et caleçons laissent à désirer pour la fabrication, mais les prix en sont très-bas.

La Saxe fabrique également la bonneterie de laine pure et celle de laine et coton; les articles de ces genres qui figurent à l'Exposition peuvent lutter avec avantage sur tous les marchés du monde.

La ganterie saxonne, en tissus de coton, de laine et de soie, est fort bien représentée depuis les plus bas prix jusqu'aux qualités supérieures. Plusieurs sortes sont cousues à la mécanique, résultat que l'on n'a pas encore obtenu en France.

Les capelines et les vêtements pour femmes et pour enfants,

qui sont exposés par la Prusse, sont faits au tricot, au crochet ou en tissus gaufrés. Ils sont d'une grande variété de forme et d'ornementation, et d'un arrangement de couleurs souvent réussi. La fabrication en est bonne et les prix modérés. Les nombreuses vitrines occupées par ces articles indiquent que la Prusse en doit faire un commerce important.

Autriche. — La bonneterie proprement dite est peu avancée en Autriche; les articles exposés n'annoncent pas de progrès, mais les fez ou bonnets orientaux ont la supériorité sur ceux des autres pays; en effet, ils sont plus beaux et moins chers. Le fez se fait de différentes manières, entièrement tricoté à la main, ou bien fabriqué sur un métier circulaire pour la partie cylindrique, et tricoté à la main pour la partie conique. L'apprêt de cet article est difficile et demande de grands soins. C'est en cela surtout que les fabriques d'Autriche excellent et que leurs produits sont supérieurs aux autres; aussi en font-elles un très-grand commerce.

Wurtemberg. — Les produits exposés par le Wurtemberg sont des gilets, caleçons et chemises en tricot de laine de couleur. Ces articles sont fabriqués sur métiers circulaires, et ils semblent destinés à remplacer ceux de flanelle tissée, auxquels ils sont supérieurs par leur élasticité. La confection en est bonne, le tissu bien fait, et les prix modérés.

Belgique. — Depuis quelques années, des métiers nouveaux ont été introduits en Belgique pour y fabriquer la bonneterie dans de meilleures conditions. Ces essais n'ont pas pris d'extension; cependant un des exposants belges montre des articles produits sur ces machines, et dont les prix sont avantageux pour le consommateur. Les gilets de chasse en tricot de laine à grosses côtes, les bas à côtes à rayures de couleur, ainsi que les bas et chaussettes de mailles unies et fortes, sont bien fabriqués et de bonne qualité. Mais l'industrie de la bonneterie ne prend pas de développement en Belgique : le salaire de l'ouvrier est trop minime ; on y trouve difficilement des apprentis, et, lorsque les vieux travailleurs disparaissent, ils n'ont pas de remplaçants.

Espagne. — La bonneterie espagnole est représentée par deux exposants seulement. Barcelone est le centre de la fabrication. Les manufactures, qui y sont assez nombreuses, ont pris depuis dix ans un certain accroissement, mais uniquement pour les articles faits sur métiers circulaires. La bonneterie à lisières et proportionnée y est fort peu importante. Il est à regretter que le nombre des exposants ne soit pas plus considérable et qu'on ne puisse pas apprécier d'une manière plus complète l'état actuel de l'ensemble de la bonneterie en Espagne. Toutefois, on peut constater une amélioration sensible dans les produits exposés en 1867, comparés à ceux de 1862.

Portugal. — La bonneterie au métier est pour le Portugal une industrie naissante; cependant elle est représentée par trois exposants. Leur empressement à prendre part à la lutte maintenant engagée témoigne de leur ardent désir d'avancer vite dans la voie nouvelle dans laquelle ils sont entrés. Leurs produits ont les imperfections dénotant des ouvriers qui commencent un genre de travail nouveau et de long apprentissage; mais ils devront s'améliorer vite, avec la pratique et la persévérance.

Italie. — L'Italie produit peu de bonneterie ; la majeure partie de sa consommation est alimentée par la Saxe, l'Angleterre et la France. Cependant il y a quelques fabriques d'une certaine importance ; les produits qu'elles ont exposés, surtout en caleçons, gilets et camisoles, en tricot circulaire en laine et en coton, prouvent des progrès et des perfectionnements accomplis d'un mérite relatif.

Suisse. — La fabrication de la bonneterie est presque nulle en Suisse ; le nombre de métiers qui y fonctionnent est très-restreint, et leurs produits sont d'une fabrication fort ordinaire. Les articles tricotés à la main dominent et n'ont rien de remarquable. Cependant, il y a trente ans, la Suisse était renommée pour la bonneterie et la ganterie de bourre de soie ; mais d'autres pays fabriquant mieux lui ont enlevé cette spécialité.

Suède et Danemark. — Ces deux pays si voisins l'un de l'autre présentent un caractère tout différent dans l'industrie de la bonneterie. Les gilets, caleçons, camisoles et chaussettes, exposés par la Suède, sont faits sur métiers circulaires, dans d'assez bonnes conditions de fabrication et de prix, ce qui est d'autant plus remarquable que les métiers ne sont importés en Suède que depuis peu d'années seulement.

Le Danemark n'expose au contraire que des articles tricotés à la main, les uns en grosse laine rude, les autres en laine douce et à mailles fines. Il est vrai de dire que ni la France ni l'Angleterre ne pourraient établir les articles semblables aux mêmes prix. La raison en est que ces travaux de tricotage, ainsi que le filage de la laine, sont faits par les paysans jutlandais pendant les longues veillées d'hiver, et que la façon en est comptée presque pour rien. Ces produits, solides et à bon marché, sont d'une consommation importante dans les pays du Nord. M. Grœn fils, négociant à Copenhague, par son activité et sa grande connaissance des affaires, contribue puissamment à l'écoulement des produits de cette industrie nationale.

Russie. — On ne fabrique pour ainsi dire pas de bonneterie en Russie ; l'Angleterre, la France et la Saxe la lui fournissent pour la consommation des classes aisées. Les paysans font usage de bas en grosse laine, tricotés à la main, ou en feutre de laine très-commun ; les échantillons exposés de ces articles ne laissent aucun doute sur leur chaleur et leur solidité. Cependant quelques efforts ont été faits depuis plusieurs années pour tenter d'établir une fabrique de bonneterie à Moscou ; des métiers divers y ont été envoyés d'Angleterre et de France : c'est un commencement de progrès. Les châles de tricot de laine genre dentelle, fabriqués dans le Caucase, sont d'un joli travail et d'une extrême délicatesse, mais la consommation en est insignifiante comme la production.

Turquie. — Fabriquée exclusivement pour la consommation nationale, la bonneterie turque ne ressemble en rien à celle des autres pays. Elle se compose principalement de demi-bas et de chaussettes en laine, tricotés à la main, en mailles fines, avec dessins de fleurs en couleurs diverses travaillés dans le corps de l'ouvrage. Le talon est généralement la partie la plus ouvragée, comme étant celle qui se voit le plus, par suite de la forme de la chaussure adoptée en Turquie. Ces articles, quoique étant d'une fabrication lente, sont de prix modérés, ce qui fait supposer que la main-d'œuvre est peu payée. Il n'y a pas dans toute l'exposition turque une seule maille de tricot faite au métier, d'où l'on doit conclure qu'au point de vue industriel la bonneterie n'est encore en Turquie qu'à son point de départ.

Grèce. — La bonneterie fabriquée en Grèce est généralement tricotée à la main. Les bas et chaussettes exposés sont d'un travail bon et soigné; seulement les prix en sont plus élevés que ne serait le même travail fait au métier. Les fez grecs sont de belle et bonne qualité, mais ils sont plus chers que ceux de l'Autriche.

Égypte. — L'Égypte nous montre comme spécimens de sa

fabrication de bonneterie quelques paires de chaussettes en laine très-commune, tricotées à la main, et dont le travail est tout à fait primitif. Ses fez sont de fort belle qualité, mais leur apprêt laisse à désirer.

États-Unis d'Amérique. — De cette immense contrée, si fertile en progrès de toute sorte, on ne voit rien en bonneterie à l'Exposition, si ce n'est quelques chaussettes grossières en laine, tricotées à la main et foulées. Cependant on y fabrique de la bonneterie, et l'on y a même inventé des métiers à tricot. Il est regrettable que l'absence de tout produit nous laisse ignorer le degré d'avancement auquel les États-Unis sont parvenus dans cette industrie.

Brésil. — Confédération Argentine. — Ces deux contrées sont les seules de l'Amérique du Sud qui aient exposé de la bonneterie. Le Brésil présente des chaussettes tricotées à la main, de qualité très-commune; la Confédération Argentine expose des bas de jupon en filet brodés à la main, d'un joli travail. Ces articles sont sans aucun intérêt commercial.

La Norwége, la Bavière, les duchés de Bade et de Hesse, les États Romains, Tunis et Siam, la Chine et le Japon n'ont rien envoyé en bonneterie à l'Exposition. On doit cependant croire que, si ces peuples n'en fabriquent pas, du moins ils en portent, à l'exception toutefois du Japon et de la Chine. Ces deux empires, de civilisation si ancienne, et si avancés dans certaines industries, semblent ignorer complétement celle du tricot, car leurs bas ou chaussettes sont taillés dans des pièces de tissu de coton ou de fil, et n'ont aucune élasticité. Voilà sans contredit de belles et riches conquêtes à faire pour l'industrie de la bonneterie.

CHAPITRE IV.

CONCLUSION.

En résumé, l'Exposition internationale de 1867 atteste la grande importance industrielle et commerciale de la bonneterie. En effet, presque toutes les contrées d'Europe en produisent, et presque tous les peuples du monde en font usage. Elle prouve que l'Angleterre, la France et la Saxe sont à la tête de cette industrie, mais que d'autres pays aussi font des efforts pour étendre et améliorer leur fabrication.

Cette Exposition constate encore que la bonneterie française surtout a progressé rapidement dans cette dernière période, et que, si elle était restée stationnaire pendant de longues années, quant aux moyens de production, elle a su en peu de temps atteindre ses devanciers. Enfin, si la Saxe a l'avantage de la main-d'œuvre à bon marché, l'Angleterre celui de ses grandes fabriques et de ses nombreuses machines, la bonneterie française n'en reste pas moins sans rivale non-seulement pour les articles de goût et de luxe, mais aussi pour la fabrication parfaitement soignée de ses produits de tous genres et de tous prix.

Les succès obtenus par suite des améliorations déjà accomplies doivent lui servir d'enseignement et l'encourager à redoubler d'efforts et d'activité pour arriver à des progrès nouveaux.

L'examen comparatif de l'état actuel de la bonneterie, chez les différentes nations qui ont pris part au grand concours universel, montre l'immensité des débouchés ouverts aux pays producteurs qui sauront rendre leurs produits assez supérieurs pour les y faire prévaloir.

CLASSE 48

MATÉRIEL ET PROCÉDÉS DES EXPLOITATIONS RURALES ET FORESTIÈRES.

SECTION I

MATÉRIEL ET PROCÉDÉS DES EXPLOITATIONS RURALES

PAR M. A. BOITEL,
Inspecteur général de l'Agriculture.

CHAPITRE I.

MACHINES ET OUTILS.

§ 1. — *Observations générales.*

Le matériel des exploitations rurales a acquis cette fois une importance et une universalité qui donnent à cette Exposition une supériorité marquée sur celles qui l'ont précédée.

On voit au Champ-de-Mars des machines agricoles de toutes les parties du monde : nombreuses et variées pour les contrées les plus rapprochées de la France, elles deviennent plus rares et plus spéciales à mesure que les distances augmentent et qu'elles correspondent à un état cultural moins avancé ; mais les types venus des pays les plus lointains n'en sont pas moins caractéristiques pour l'agriculture qui les emploie. Ils fournissent des indications utiles sur les procédés d'exploitation et sur les produits divers auxquels ils sont appliqués.

Le climat, plus que le sol, imprime un cachet particulier aux productions de chaque pays. L'outillage de l'exploitant reproduit fidèlement ces modifications imposées par la nature; à l'aspect des machines de la classe 48, on devine en quelque sorte le système de culture que le climat fait prédominer sur les différents points du globe. A la région des céréales se rapportent les faux, les faucilles, les moissonneuses et les puissantes machines à battre. Ces engins perdent de leur importance et cèdent le pas aux appareils qui servent à la fabrication du vin et de l'huile, à mesure qu'on passe de la zone des céréales dans celles de la vigne et de l'olivier. Si nous nous rapprochons davantage de l'équateur, les fouloirs et les pressoirs des régions précédentes disparaissent et font place à des machines qui s'appliquent au coton, à la canne à sucre, au café et aux autres productions des contrées les plus chaudes; mais il est des plantes qui, comme le blé et plusieurs autres cultures herbacées, viennent à peu près en tout pays, sans doute parce qu'elles répondent à un besoin de premier ordre, celui d'assurer l'alimentation de l'homme.

Les pays les plus chauds, de même que les plus froids, présentent des surfaces qui, pendant l'hiver ou l'été, à une exposition convenablement choisie, au niveau des vallées ou sur les plateaux des montagnes, offrent au froment les conditions favorables à sa végétation et à sa maturité. Les plantes d'une utilité et d'une culture générales donnent lieu à des façons aratoires et à des procédés de culture qui permettent des comparaisons entre toutes les nations et qui, en ce qui concerne les machines agricoles, vont nous mettre en mesure, d'après les objets présentés à l'Exposition universelle, de faire ressortir les progrès principaux accomplis par celles des nations qui depuis 1862 se sont le plus distinguées dans cette branche de l'agriculture.

§ 2. — Préparation du sol. — Labour, semailles et façons diverses.

Le labour est, de toutes les façons aratoires, celle dont l'usage est le plus important et le plus général. On laboure sur tous les points du globe ; malheureusement les mauvaises charrues, qui consistent dans une simple barre de fer écroutant la surface du sol, sont encore celles dont le domaine est le plus étendu. L'Angleterre, la France, la Belgique, la Prusse, l'Autriche, la Suède et les États-Unis d'Amérique possèdent les meilleures charrues de l'Exposition universelle. Si on ne s'en rapportait qu'aux essais de Billancourt, les Anglais l'emporteraient pour la perfection et la régularité du labour ; aux Français reviendrait le mérite des labours de défoncement. La charrue Vallerand, dite la *Révolution*, constitue l'instrument le plus énergique qui ait jamais été imaginé. Elle fait du premier coup un labour de 0m 35 à 0m 40 de profondeur. Cette puissante charrue, d'invention toute récente, incorpore au sol une couche de terre que les autres instruments avaient toujours respectée. Elle régénère et renouvelle le terrain et elle met à la disposition des plantes les principes dont le sol, par l'effet des cultures successives, se trouve plus ou moins dépourvu.

L'approfondissement de la couche arable procure en outre, pour l'eau et pour l'air, une perméabilité des plus salutaires pour toutes les cultures. Cette idée féconde du renouvellement du sol, par le labour, a pris naissance dans un département où, il y a cinquante ans, on aurait traité d'insensé tout cultivateur qui aurait ramené un peu de terre neuve à la surface.

Maintenant que les plantes industrielles marchent de pair avec les céréales et qu'on dispose d'abondantes fumures, la terre neuve n'est plus à douter. On sait, au contraire, que rien n'assure mieux le rendement élevé des racines que le défoncement accompagné d'une très-forte fumure. Depuis un certain nombre d'années, la charrue Bonnet, sur quelques points du midi de la France, est employée derrière une charrue ordinaire pour ramener une tranche du sous-sol à la surface. On s'en sert notamment dans les terres à garance du département de Vaucluse et dans les alluvions riches et profondes de certaines vallées. Cette charrue produit un effet analogue à celui de la *Révolution*; mais elle agit moins énergiquement et n'est pas d'un emploi aussi général.

L'exposition de l'Italie et celle de la Suède présentent aussi plusieurs modèles de charrue du système Bonnet, ce qui démontrerait que, dans les parties les mieux cultivées de ces royaumes, les agriculteurs reconnaissent qu'il est avantageux d'augmenter la profondeur du sol en ramenant une partie du sous-sol à la surface.

A l'Angleterre revient le mérite d'avoir inventé et perfectionné plusieurs systèmes de labourage à vapeur. Les derniers perfectionnements dont la charrue à vapeur a été l'objet nous font espérer que ce nouveau mode de labourage ne tardera pas à se répandre dans les pays où l'on trouve, comme en Angleterre, le combustible à bon marché, de vastes domaines et des surfaces peu accidentées. Le nord de la France remplit ces conditions essentielles, et c'est là vraisemblablement que, à l'imitation des Anglais, nous verrons un jour la vapeur remplacer les animaux pour la traction de la charrue.

Parmi les herses, nous citerons, comme une idée nouvelle, l'invention des herses-chaînes, très-utiles pour le complet ameublissement des surfaces et pour l'enlèvement superficiel des mauvaises herbes en germination.

Les rouleaux divers produisent des effets qui sont de mieux en mieux compris dans les régions les plus avancées.

appliqués à point, ils modifient l'état physique du sol et produisent, sur les plantes en végétation, une compression qui développe et fortifie l'appareil souterrain. On va jusqu'à reconnaître qu'un coup de rouleau donné à propos arrête les ravages des insectes sur de jeunes semis, ou bien procure à une céréale une force de tige et de racine capable d'en prévenir la verse. La partie française de la classe 48 offre les spécimens des rouleaux les plus utiles en grande culture.

Les nombreux semoirs exposés par plusieurs nations, notamment par l'Angleterre et la France, sont un signe manifeste des progrès de l'agriculture. Les semis en ligne n'ont aucune raison d'être dans les pays pauvres et mal cultivés ; tout au contraire, on en conseille aux cultivateurs l'emploi dans les terrains riches où l'on a à cœur de bien façonner les cultures et de les tenir nettes de mauvaises herbes. On a vu, dans ces dernières années, les semis des céréales en ligne gagner beaucoup de terrain dans les pays où l'on cultive les betteraves pour la fabrication du sucre. Ce mode d'ensemencement a sur les semailles à la volée l'avantage d'économiser la semence, de placer la graine dans les circonstances les plus favorables à sa germination et de permettre les sarclages, indispensables au parfait nettoiement du sol.

Un point qui préoccupe vivement les régions les mieux cultivées est d'arriver, pour le froment et les autres céréales, à des produits très-élevés, qui rendent ces cultures aussi avantageuses que celles des plantes industrielles. C'est à la mécanique agricole qu'on demande la solution de ce problème ; elle seule produit les machines qui sèment en ligne, qui sarclent à bon marché et qui mettent les plantes dans les meilleures conditions de végétation. La céréale ainsi traitée rend beaucoup dans une terre riche et offre une grande résistance à la verse.

On a parlé de substituer aux semis en ligne de la culture à plat des semailles en billons pratiquées par des instruments spéciaux exposés au Champ-de-Mars.

Le billon, vieux comme l'agriculture, supprimé dans les fermes bien cultivées, et conservé seulement dans les terres pauvres et peu profondes, comme étant le seul moyen de doubler l'épaisseur de la couche arable et de fournir à la plante une nourriture que ne lui donnerait pas le terrain disposé à plat, est-il appelé à reparaître et à jouer un rôle important dans les exploitations les mieux dirigées et les plus progressives ? D'après des essais bien conduits et bien réussis, on ne peut pas se dispenser d'accorder quelque attention à ce procédé qui, dans les nouvelles conditions où il est expérimenté, revêt les caractères d'une véritable invention appelée à apporter des modifications profondes à toutes les pratiques qui ont pour objet l'ameublissement, le nettoiement et la fertilisation du sol.

Le cultivateur, désarmé devant les cultures à plat, surtout devant celles qui sont semées à la volée, conserve au contraire une grande liberté d'action sur les plantes disposées en billons. En hiver elles n'ont rien à craindre de l'humidité, et elles restent accessibles aux ouvriers et aux animaux pour tous les soins qu'elles réclament pendant la végétation. Les vides des billons sont au besoin défoncés, hersés, fumés, arrosés, en même temps que les pleins portent une récolte qui profite immédiatement de ces mêmes façons. Les vides constituent une jachère sur laquelle, l'année suivante, sera assise une nouvelle culture. Les plantes billonnées, dans un sol d'une haute fertilité, acquièrent, dans les derniers mois de leur existence, une telle force de végétation que, au moment de la récolte, les vides des billons se trouvent complétement garnis. En somme, ces champs-là atteignent des rendements, sinon plus élevés, au moins égaux à ceux des cultures à plat.

D'après certaines expériences, la betterave et le blé billonnés donneraient les résultats les plus satisfaisants. Le billon aurait surtout pour effet de prévenir la verse dans les froments les plus denses et les plus vigoureux.

Les propagateurs du billon se louent beaucoup de pouvoir, en toute saison, confier aux vides de leurs billons les engrais dont on ne sait que faire en certains moments dans les cultures à plat.

Les plantes en lignes, qu'elles soient billonnées ou semées à plat, réclament pendant le cours de leur végétation des façons qui nettoient et ameublissent le sol. On a recours pour ces travaux à des houes diverses traînées par une ou plusieurs têtes.

L'Angleterre, pour le turneps et les céréales, et la France, pour la betterave, offrent sous ce rapport des machines qui ne laissent rien à désirer. On arrive ainsi à obtenir les interlignes nets, meubles et profondément remués sans le secours d'aucun travail à bras. La ligne seule exige que la main de l'homme l'éclaircisse, la nettoie et la façonne.

L'usage des semoirs et de la houe à cheval a permis de réduire considérablement les frais de main-d'œuvre des plantes sarclées, en ce qui concerne les travaux d'ensemencement et d'entretien; mais la mécanique agricole n'a pas, jusqu'à présent, obtenu les mêmes succès dans les procédés qui ont pour objet la récolte des diverses plantes cultivées. Deux machines seulement ont été amenées à un grand degré de perfection et sont précieuses pour la dessiccation des foins naturels et artificiels, nous voulons parler de la faneuse et du râteau à cheval. L'Angleterre et la France en possèdent d'excellents modèles.

§ 3. — Faucheuses et moissonneuses.

Les faucheuses et les moissonneuses sont, de toutes les machines, celles que l'on attend avec le plus d'impatience. Dans beaucoup de localités, les bras manquent au moment de la moisson, et celui qui, le premier, aura trouvé une moissonneuse qui puisse remplacer les instruments à bras, sera considéré comme bienfaiteur de l'humanité. La cherté et la rareté de la main-d'œuvre, lors de la maturité des grains, font perdre une portion de la récolte par la lenteur qu'on met à la préserver des funestes effets des intempéries.

Les Américains sont ceux qui ont le plus travaillé à résoudre ce problème important ; les premiers inventeurs poursuivent leur œuvre avec persévérance, et il ne serait pas juste de ne pas convenir que leurs efforts ont obtenu déjà de grands succès. Il est incontestable que plusieurs de ces machines fauchent très-convenablement les céréales et les fourrages dans certaines conditions déterminées : telle est surtout la moissonneuse *Mac-Cormick*. Elles arrivent à faire la javelle d'une manière satisfaisante. Dans les pays où les bras manquent, ce procédé de moissonnage peut rendre des services considérables.

La promptitude de l'exécution et la facilité d'appliquer à un domaine, quelle qu'en soit l'étendue, autant de moissonneuses qu'on le juge à propos, font passer sur des imperfections qui n'ont pas surtout la même importance et qu'on n'évite pas toujours dans l'ancien système de moissonner.

La meilleure moissonneuse, très-supérieure à la faux, à la sape et à la faucille pour la rapidité du travail, est presque toujours inférieure à ces instruments pour la coupe et pour la javelle. S'il s'agit de récoltes versées très-fortes ou mélangées d'herbes, les avantages des instruments à main seront encore plus évidents. Il arrivera même que, maniés par une main très-habile à prendre le sens de la récolte, ils fonctionneront très-bien, alors qu'il sera impossible de rien faire avec une moissonneuse mécanique. C'est-à-dire que les instruments à bras constituent jusqu'à présent le procédé le plus parfait pour la coupe des fourrages et des céréales ; c'est celui qui fonctionne le mieux, dans les conditions les plus variées, qui donne la javelle la plus régulière et la mieux faite, qui généralement coupe le plus près et perd le moins de paille sur le champ. Ceci explique la lenteur des moissonneuses à se répandre dans les contrées à culture intensive, où les riches récoltes trouvent encore, au moment de la moisson, des ouvriers en quantité suffisante pour la bonne exécution des travaux. On sait que, dans certains pays, les artisans et les ouvriers de l'industrie laissent leurs occupations ordinaires pour se consacrer à la moisson, qui leur procure un salaire plus élevé pour eux et toute leur famille. Dans de telles conditions, les moissonneuses mécaniques le cèdent aux anciens procédés, mais elles reprennent le premier rang et deviennent indispensables dans les pays où il y a peu de population et d'immenses surfaces à récolter, conditions qu'on rencontre en Amérique et dans diverses parties de la Russie méridionale.

Nous ne devons pas dissimuler que la moissonneuse est une machine délicate, sujette à une usure rapide et à de fréquentes réparations. Il est bon d'en avoir en réserve qui soient prêtes à remplacer immédiatement celles qui viennent à manquer pendant la moisson. Il faut se munir de pièces de rechange, et avoir constamment à sa disposition un mécanicien qui sache promptement les réparer.

Les modèles que les Américains ont envoyés à l'Exposition universelle ont reçu, dans ces dernières années, des perfectionnements qui en augmentent la solidité et qui ont pour résultat principal de bien faire mécaniquement la javelle.

On abandonne de plus en plus le système où la javelle se faisait péniblement par la main de l'homme. Après l'Amérique, les nations qui font le mieux cette machine sont la France, l'Angleterre, l'Espagne et la Russie.

§ 4. — Machines à battre.

Si jusqu'ici, en dehors des États-Unis et de l'Angleterre, la faux cède peu de terrain aux machines à faucher, il n'en est pas de même du fléau devant les machines à battre. Ici la victoire est complète ; la machine fait mieux que l'instrument à bras et, dans la grande culture aussi bien que dans la petite, la batteuse mécanique est devenue le procédé le plus économique et le plus usité. Il est vrai que la mécanique agricole a réalisé de ce côté des prodiges de perfectionnement. On a des batteuses de toutes les dimensions, de tous les prix, de tous les systèmes. Elles fonctionnent par l'eau, la vapeur ou les animaux; les unes rangent la paille aussi bien que le fléau; les autres la brisent comme le rouleau ou le pied des chevaux. Il y en a qui rendent le blé vanné, propre pour le marché; tandis que d'autres, plus simples et moins chères, ne font que le battage du grain qui est l'opération la plus pénible et la plus chère.

L'Angleterre a la spécialité des puissantes machines qui font le plus de travail et le travail le plus parfait. Ces engins forment la partie la plus brillante de l'exposition anglaise.

La France offre de bonnes imitations de ces machines anglaises; mais elle se distingue dans la construction des petites machines à deux ou quatre chevaux; elles sont solides, bien construites et à la portée, par leur bas prix, de la moyenne et de la petite culture.

A sa sortie de la machine à battre, le grain n'a pas toujours toute la pureté désirable; il est mélangé à des semences étrangères et à certaines impuretés, dont le poids et le volume rendent l'extraction plus ou moins difficile. Si on veut en faire du grain de première qualité pour la moisson ou pour les ensemencements, il faut le repasser dans des tarares et dans des trieurs qui font la séparation de la bonne semence d'avec la mauvaise. Dans ce genre de travail, aucune nation ne s'est montrée supérieure à la France; ses trieurs ont atteint un haut degré de perfection et permettent de pousser le nettoyage des grains aussi loin qu'on puisse le désirer. L'appareil Josse est une invention récente qui mérite une mention particulière; à d'autres avantages il joint celui de remplacer mécaniquement le travail du criblage à bras, opération pénible et difficile qui mettait les producteurs et les négociants sous la dépendance des cribleurs de profession.

§ 3. — Machines d'intérieur de ferme et machines diverses.

Les machines d'intérieur de ferme, destinées à la préparation de la nourriture du bétail, occupent une place importante.

Dans les expositions anglaise et française, on voit des hache-paille, des coupe-racines, des concasseurs et plusieurs autres petits instruments répondant aux besoins divers d'une alimentation qui se perfectionne beaucoup dans les pays de bonne culture, où l'on reconnaît que les fourrages hachés et fermentés sont d'un usage plus avantageux et d'une assimilation plus facile pour les animaux.

Pendant que l'agriculture cherche à substituer les machines aux instruments à bras, la viticulture s'efforce également de diminuer les frais de main-d'œuvre de la vigne, en remplaçant, dans ses façons, le travail de l'homme par celui des animaux. Depuis un temps immémorial, les vignobles du sud et du sud-ouest de la France se façonnent en grande partie par les bœufs ou les mulets; mais la Bourgogne et la Touraine, en possession de plantations rapprochées, donnent toutes les façons de la vigne à bras d'homme. L'Exposition de 1867 offre une série de charrues et de houes vigneronnes de la force d'un cheval, et qui sont destinées à remplacer les façons à bras dans les nouveaux vignobles du centre de la France où les ceps sont en ligne et disposés convenablement pour le passage de ces instruments.

L'exposition rurale de la classe 48 comprend des plans de ferme, de drainage, de dessèchement, qui fournissent des détails fort intéressants sur l'exécution de ces divers travaux.

Les plus importantes de ces exploitations se distinguent par des constructions simples, économiques et commodément disposées pour le service de la ferme. Des chemins de fer, qui vont des magasins aux étables et des étables à l'emplacement du fumier, facilitent le mouvement des produits encombrants vers toutes les parties de la ferme et permettent de diminuer l'effectif des serviteurs affectés aux soins du bétail. Ces plans montrent, en outre, le mode de fabrication des fumiers dans les fermes réputées les mieux tenues et les mieux dirigées.

Presque toutes ces fermes sont munies de machines à vapeur fixes ou locomobiles donnant le mouvement à la machine à battre, aux hache-paille, coupe-racines, concasseurs, pompes, etc.; quant à la distribution de l'eau, elle se fait dans toutes les étables par des tuyaux qui la reçoivent d'un réservoir supérieur alimenté par une pompe.

CHAPITRE II.

ENGRAIS.

Plus l'agriculture fait de progrès, plus la question des engrais acquiert d'importance aux yeux du cultivateur. La science et l'expérience démontrent que toutes les récoltes, quelles qu'elles soient, sont épuisantes pour le sol qui les produit. Le sol ne retrouve sa fertilité primitive qu'autant qu'on y apporte les substances que les récoltes y ont puisées pendant le cours de leur végétation. L'engrais vert, enfoui sur le terrain qui l'a produit, rend au sol tout ce qu'il lui a pris et, de plus, quelques substances qu'il a tirées de l'air et des eaux pluviales. Dans ce cas, la récolte produite et incorporée au sol fait plus que compenser l'épuisement du terrain. Si, d'une culture de betterave ou de colza, on se bornait à retirer du sucre et de l'huile (deux substances qui proviennent de l'air et de l'eau) en remettant exactement dans le terrain les autres produits de la récolte, dans ce cas encore le terrain n'aurait perdu aucun élément essentiel et sa fertilité resterait la même après comme avant ces cultures.

Malheureusement les choses ne se passent pas ainsi; on commence par emporter du champ la récolte totale, et celle-ci, déposée à l'usine ou à la ferme, subit une série de transformations qui mettent en péril les éléments de fertilité qu'elle contient, soit dans les résidus, soit dans ses produits consommables ou vendables ; et Dieu sait quand le champ ainsi dépouillé les retrouvera dans les mêmes proportions et dans le même état d'assimilation ! La betterave est-elle vendue à une sucrerie sans retour de pulpe équivalente, les éléments sortis du champ qui a produit cette betterave iront féconder d'autres terres et seront perdus à jamais pour le domaine d'où ils proviennent.

Il en est de même pour le cultivateur qui fait du colza sans se soucier de reprendre ses tourteaux et de convertir en fumier toutes les pailles qui résultent de cette culture. Les animaux de travail et de rente sont une autre cause de destruction des matières fertilisantes du sol. Les ventes de grains et de fourrages privent également les domaines d'éléments dont l'enlèvement a pour conséquence l'appauvrissement du sol, si on ne s'empresse de les y rapporter par un moyen quelconque.

Tout cultivateur qui veut maintenir la fertilité de son domaine doit veiller attentivement à ce qui sort de ses champs, sous forme de récolte, et de sa ferme sous forme de produit végétal ou animal. Il doit s'ingénier à rapporter exactement dans ses terres tous les éléments que ses spéculations en font sortir.

Les substances dépensées par les récoltes se retrouvent parfois dans la localité même où s'est opéré l'épuisement : on les reprend dans les alluvions des cours d'eau, dans les couches vierges du sous-sol, et même à la surface des portions de terrains qui n'ont jamais été cultivées. Un labour très-profond ou quelques frais de transport et de main-d'œuvre rapportent dans le sol ces principes dont il est dépourvu et refont sa fertilité pour une nouvelle série de récoltes.

L'emploi des fumiers de ferme est un autre moyen plus efficace et plus certain de fertilisation. Sachons toutefois que les fumiers ne représentent jamais qu'une partie de la récolte, et qu'ils sont dépouillés des éléments contenus dans ce qui a été vendu ou dans ce qui a été absorbé par les animaux. Il est clair que tout domaine qui, pour réparer l'épuisement du sol par les cultures, n'aurait d'autre moyen que les fumiers de la ferme s'appauvrirait successivement et finirait par devenir complétement stérile.

Les cultivateurs intelligents comprennent parfaitement les principes qui président au maintien et à l'augmentation de la fertilité du sol. Quand ils le peuvent, ils renvoient immédiatement au champ les résidus des récoltes de l'usine ou de la ferme ; ils savent que le séjour de ces résidus dans l'intérieur des cours les expose à des fermentations et à des lavages qui les appauvrissent d'éléments utiles aux plantes. On voit des distilleries où la vinasse résultant de la betterave fabriquée dans la journée est renvoyée immédiatement par une pompe foulante sous forme d'engrais liquide dans des cultures qui les absorbent et les utilisent sans aucune perte de temps. Il en est de même des fumiers et des purins que certains agriculteurs emportent directement des étables dans les champs.

A certains moments de l'année, il n'est pas toujours possible de porter les fumiers frais dans les champs et de les y enterrer immédiatement. Dans la plupart des cas, on est forcé de les conserver en tas dans les cours. On obtient ainsi des fumiers plus ou moins décomposés qui sont d'une assimilation plus prompte et plus facile et qui conviennent mieux que les fumiers frais à certaines natures de terres. Les plans de l'exposition rurale indiquent le mode de fabrication usité dans les meilleures fermes du nord de la France. On met ces fumiers sur un emplacement couvert et parfaitement à l'abri des eaux qui viennent des cours et des bâtiments, et on les soumet à un tassement régulier et répété par le piétinement des animaux.

En été, principalement, les bêtes à cornes sont mieux sur ces fumiers pendant la nuit que dans les étables plus ou moins chaudes. On y dispose des rateliers et des mangeoires qui permettent de leur y donner leur repas. Cette compression empêche l'accès de l'air dans la masse, condition qu modère la fermentation et qui produit des fumiers n'ayant presque rien perdu pendant leur séjour à la ferme et qui sont, au moment de leur emploi, dans l'état convenable pour les cultures. Malgré les soins dont ils sont l'objet, les fumiers ne peuvent rendre au sol la totalité de l'azote, des phosphates, de la potasse et de la chaux enlevés par les récoltes dont une portion importante est sortie de la ferme. De là la nécessité d'avoir recours à des sources extérieures pour réparer complétement l'épuisement du sol. Ici commence le rôle des engrais commerciaux dont les plus importants et les plus utiles figurent au Palais dans la classe 48.

Les engrais commerciaux devraient avoir pour objet de rapporter dans le domaine de l'agriculture les résidus des produits végétaux et animaux qui s'accumulent et se perdent en grande partie dans les centres de population. Si, à la ville comme à la ferme, on veillait attentivement à recueillir, au profit de l'agriculture, la portion des produits qui n'est point absorbée et dépensée par ceux qui consomment le pain, la viande et les autres productions de la terre, l'épuisement du sol serait presque totalement réparé par les transports, sur les domaines ruraux, de ces résidus à l'état de vidange, de boues de ville et de déchets de fabrication.

Il faut en convenir, les choses sont loin de se passer ainsi. Au village aussi bien qu'à la ville les engrais liquides et solides de l'homme prennent plus souvent le chemin de la rivière que celui de la ferme, ou bien encore on est heureux de trouver pour l'établissement des fosses d'aisance un terrain à sol perméable où toutes les matières disparaissent, par absorption, dans les profondeurs du sous-sol, perdues à jamais pour l'agriculture. La perte des engrais de ville est l'une des causes les plus importantes et les plus positives de l'épuisement des campagnes; c'est celle qui contribue le plus à rompre l'équilibre qui devrait s'établir entre les exportations et les importations des matières fertilisantes du sol.

L'industrie s'efforce de recueillir ces engrais de ville sous une forme qui en facilite le transport et l'application aux différentes cultures...

Il y a, dans la classe 48, des échantillons de ces diverses fabrications. Les difficultés inhérentes à ce genre de commerce qui se compliquent de la police et de la salubrité des villes n'ont permis jusqu'à présent d'utiliser que la plus faible partie de ces engrais. Cette destruction de matières fertilisantes doit être compensée à tout prix par les agriculteurs, sous peine de stériliser leurs champs et de marcher à une ruine inévitable. Rien ne coûte pour éviter un tel désastre; on va jusqu'en Amérique pour reprendre sous forme de guano ces mêmes éléments qui se perdent dans le gouffre des villes. Après avoir exploré toute la surface du globe pour retrouver ces substances précieuses que les cultures successives enlèvent au sol, on s'est mis, dans ces dernières années, à les demander aux couches souterraines de la terre. On est ainsi arrivé à la découverte des phosphates fossiles qui procurent à bon marché l'une des matières les plus précieuses qu'on trouve dans le guano. L'exhibition de ces engrais terrestres, due à plusieurs exposants français, est la constatation d'un fait d'une grande portée pour l'agriculture. Cette substance, dont l'emploi se répand de plus en plus, notamment dans les défrichements des landes, sera encore plus appréciée quand les gisements de guano seront complétement épuisés, ce qui doit se produire dans un temps donné.

L'exposition belge fournit une substance extraite du sol, qui a été donnée comme ayant intérêt pour l'agriculture. Nous voulons parler d'un calcaire dont la porosité facilite la production du salpêtre. On trouve là un moyen simple et peu coûteux de rendre aux terres cultivées l'azote qu'elles perdent par les récoltes. Enfin la Prusse a envoyé une belle collection des engrais potassiques les plus employés en agriculture.

Mentionnons encore d'autres fabrications d'engrais qui ne s'adressent plus aux couches du globe, mais au domaine de la mer, c'est-à-dire aux engrais de poisson. On les trouve dans les ports de mer. En recueillant les débris de pêcheries, elles fournissent à l'agriculture des engrais azotés d'une grande activité. La France et plusieurs nations du nord de l'Europe ont des fabrications de cette nature, qui ont une certaine importance. Ces matières ont de la valeur pour les localités les plus voisines des ports de mer; mais elles sont une bien faible compensation à la perte des engrais de tout genre qui s'en vont à la mer, emportés des villes par les rivières et les fleuves.

Cette question des engrais, envisagée à un point de vue général telle que l'esprit se la représente à l'aspect des objets venus de tous les pays à l'Exposition universelle, donne une idée de l'harmonie et de la solidarité qui règnent entre toutes les nations, et des services qu'elles se rendent entre elles sans s'en douter, afin de maintenir dans l'écorce terrestre un certain équilibre entre les substances qui sont la base de l'alimentation des plantes.

Si la France était abandonnée à ses propres ressources, la stérilité ne tarderait pas à désoler nos campagnes; mais les autres parties du monde nous donnent le guano et des grains divers qui, directement ou par leurs résidus, rendent au sol une partie de sa fécondité. L'Espagne, la Belgique, la Prusse et d'autres contrées peuvent également lui fournir des engrais minéraux azotés et potassiques qui, ajoutés aux principes calcaires et phosphatés que nous possédons, complètent la série des matières les plus utiles à la vie des plantes cultivées. Enfin la mer, par ses fucus et ses débris de poisson, fournit aussi un appoint important d'engrais aux domaines qui s'étendent sur la zone maritime de l'Océan et de la Méditerranée.

Les efforts des exposants de la classe 48 convergent vers deux points qui répondent à des nécessités de premier ordre et qui, à ce titre, intéressent très-vivement l'agriculture de toutes les nations. Il s'agit, en premier lieu, de parer à l'insuffisance des bras par l'emploi mieux entendu et plus général des machines; en second lieu, d'assurer le haut rendement des récoltes par une bonne application des engrais de ferme et du commerce. Il n'est pas douteux que l'Exposition universelle ne hâte et ne facilite la solution de ces deux questions d'une importance capitale pour l'agriculture.

SECTION III

MATÉRIEL ET PROCÉDÉS DES EXPLOITATIONS FORESTIÈRES

PAR M. SERVAL, CHEF DE BUREAU AU MINISTÈRE DES FINANCES

Les forêts ont été longtemps considérées, même chez les nations les plus avancées en civilisation, comme des vestiges de l'état barbare, comme une sorte de richesse naturelle et sauvage dont on pouvait user selon les besoins éventuels de la consommation, sans se préoccuper d'en assurer la reproduction. Il est encore des contrées où les bois sont sacrifiés aux moindres usages; où, selon l'énergique expression d'un historien « on abat deux pins pour faire une paire de sabots »; où enfin les forêts sont livrées à une destruction sans merci par le pâturage immodéré des chèvres et des moutons.

Cependant, à mesure que se développaient les besoins de la consommation, apparaissait la nécessité de soumettre l'exploitation des bois à une réglementation prévoyante. La nature a mis, au sein même des forêts, le germe de leur pérennité. Il fallait donc étudier les lois de la régénération naturelle, appeler la science au secours de l'application raisonnée de ces lois, se servir des bois eux-mêmes comme d'usines naturelles, où l'industrie de l'homme façonnerait à son usage les produits du sol.

C'est en Allemagne que sont nés les premières études forestières et les premiers progrès. C'est à ce pays qu'appartient l'honneur d'avoir découvert et appliqué, le premier, la méthode du « réensemencement naturel et des éclaircies ». Au mode presque grossier d'exploitation, connu sous le nom de « jardinage », et qui résumait naguère presque toute la science de l'aménagement, la méthode allemande a substitué un ensemble d'opérations culturales, embrassant toutes les phases du développement de la forêt, depuis la naissance du peuplement jusqu'à son exploitabilité.

§ 1. — France.

La France ne pouvait rester en dehors d'un tel progrès. Elle était d'autant plus sollicitée à le suivre que le sol de notre pays possède une merveilleuse aptitude à la culture des bois, et qu'il ne serait pas d'une administration intelligente de négliger un si précieux élément de richesse.

La pénurie des bois, par l'effet de défrichements inconsidérés ou d'aliénations malencontreuses de forêts domaniales, tend, d'ailleurs, à devenir plus grande encore, peut-être, en France que dans d'autres contrées. Notre importation en bois qui n'était, en 1855, que de 69,700,000 francs, s'est élevée, en 1865, à 150,700,000 francs. Les chemins de fer ne savent plus où prendre leurs traverses pour le soutènement des voies, et l'Exposition universelle de 1867 montre les tâtonnements de cette industrie pour la substitution d'autres matériaux aux bois qui commencent à lui manquer.

On voit, par ces considérations rapides, combien il importe de ménager ce qui nous reste de forêts, et de soumettre ces précieux débris au traitement à la fois le plus conservateur et le plus productif possible.

Il reste en France environ 1,100,000 hectares de forêts appartenant à l'État; 2 millions aux communes et aux établissements publics, et 4 ou 5 millions aux particuliers. On ne possède point, avec quelque approximation, la contenance de ces derniers bois; car tous les relevés statistiques effectués à ce sujet ont pour base le cadastre, et chacun sait que ce document, très-défectueux, dans le principe, en ce qui concerne les régions montagneuses, est devenu, presque sur tous les points, totalement suranné.

Aménagements.—Les trois modes de traitement principaux appliqués aux forêts sont la futaie, le taillis simple et le taillis composé ou taillis sous futaie.

Le traitement en futaie, qui a pour objet l'éducation des bois de grande dimension, est naturellement indiqué pour les bois de l'État, sans parler des bois résineux qui ne peuvent être traités autrement qu'en futaie.

Les forêts des particuliers soumises, par leur nature même, à d'incessantes mutations provenant de partages, licitations, etc., sont presque toutes aménagées en taillis simple, à la révolution de dix, quinze ou vingt ans. Enfin le taillis sous futaie constitue un régime mixte, convenant aux communes et aux établissements publics, nature de propriétaires qui participent de la qualité de l'État, par leur caractère d'être moral, et de la condition des particuliers, par les besoins éventuels auxquels ils sont fréquemment obligés de pourvoir.

Pendant ces dernières années, le matériel des exploitations forestières s'est enrichi de divers instruments nouveaux, qui figurent avec honneur à l'Exposition universelle de 1867.

Charrue forestière.— Il faut citer, en première ligne, cette charrue construite sur les indications d'un inspecteur des forêts. Cette charrue, établie sur le système des défonceuses, a pour objet de préparer le sol des coupes d'ensemencement de manière à favoriser la germination du plus grand nombre possible de semences tombées des arbres porte-graines. Devant passer sur un sol généralement inégal et entrecoupé d'obstacles, elle est à la fois solide, très-maniable et munie d'un appareil à levier qui permet le soulèvement des socs, quand il s'agit de franchir, soit une pierre, soit une souche, soit tout autre bst acle de même natre. Cet instrument paraît appeler à rendre de grands services en matière d'exploitation forestière.

Scieries. — Les scieries forestières destinées à transformer, sur place, les bois bruts en bois ouvrés, sont placées au sein même des forêts. Pour réaliser leur objet, elles doivent réunir les conditions les plus complètes de bon marché, ainsi que de facilité de maniement et de réparation. Les modèles présentés à l'Exposition de 1867, par l'École forestière de Nancy, ne laissent rien à désirer à cet égard. Ils offrent le spécimen des scieries généralement en usage dans les pays forestiers. Quelques essais heureux de scieries locomobiles ont été néanmoins tentés, et pourront être poursuivis avec succès sur les points où l'absence de cours d'eau prive les scieries forestières de leur moteur le plus simple, le plus économique et le mieux adapté à leur destination.

Élagage. — De même que le secours de l'art est indispensable pour tirer des arbres fruitiers des produits applicables aux besoins de la consommation, de même les arbres forestiers doivent, quoique à un moindre degré, être soumis à une direction spéciale. Si, dans les futaies régulières, la nature se charge de débarrasser elle-même les arbres des branches qui peuvent altérer la régularité du fût, il n'en est pas ainsi dans les taillis où les arbres de futaie, ne faisant plus partie d'un massif serré, tendent à se charger de branches latérales dont il y a lieu de les débarrasser partiellement, à l'aide d'un élagage raisonné. Aucune opération de culture forestière ne réclame peut-être plus de soin et de tact. Une nouvelle méthode d'élagage introduite et propagée, depuis quelques années, par deux grands propriétaires qui en ont présenté les résultats aux visiteurs de l'Exposition de 1867, paraît réaliser un progrès notable tant dans le traitement des arbres que dans les procédés pratiques de l'amputation des branches.

Écorçage. — L'importance croissante du commerce de la

tannerie est de nature à appeler toute l'attention des producteurs d'écorces à tan. D'après les procédés usités, l'écorçage n'a lieu qu'à l'époque de la séve, ce qui entraîne des inconvénients de plus d'un genre. D'après un système nouveau, dont la base est la décortication, sous l'influence de la vapeur d'eau, l'écorçage pourrait être pratiqué en toute saison. Il a été constaté, par des expériences concluantes, que l'écorce ainsi obtenue possède des qualités au moins égales, au point de vue de la tannerie, à celles de l'écorce détachée en temps de séve. Il y a dans ce système un progrès digne d'être mentionné.

Résines. — L'exploitation de la résine donne lieu, dans plusieurs pays, à des transactions considérables. Cette exploitation ne paraît nulle part soumise à des procédés plus complets que le procédé Hughes, généralement adopté en France, et qui a été, il y a deux ans à peine, l'objet d'un perfectionnement de quelque intérêt.

Reboisements et regazonnements. — L'utilité des forêts ne consiste pas seulement à pourvoir aux besoins de la consommation. Elles exercent une influence notable sur les phénomènes météorologiques et sur le régime des eaux. Les belles observations de plusieurs savants, et notamment de MM. Becquerel, ne laissent aucun doute sur le pouvoir équilibrant des forêts, en ce qui concerne la répartition de la pluie et les éléments climatériques, ainsi que sur la protection dont elles couvrent la zone qui les environne contre les effets des orages à grêle.

Quant à l'action protectrice des bois contre l'irruption des eaux torrentielles, elle est écrite, avec tous les caractères de l'évidence, sur les flancs de la plupart de nos montagnes. Partout où les forêts ont été détruites, sévit le fléau des torrents. Partout où elles ont été conservées ou rétablies, les vallées sont abritées contre l'invasion des eaux. C'est en vain qu'on a souvent tenté de combattre les torrents à l'aide de travaux d'art. Les replis de nos montagnes sont pleins de débris de digues, élevées à grands frais pour contenir les torrents, et qu'une seule crue souvent a renversées. Ce n'est qu'en employant les forces modératrices de la végétation, et en opposant, en quelque sorte, la nature à elle-même, qu'on peut espérer combattre, avec efficacité, les forces destructives des eaux torrentielles.

C'est dans cet esprit que l'administration française a entrepris, en 1860, de reboiser et de regazonner les montagnes de notre pays. Le reboisement s'étend déjà sur 60,000 hectares environ. Est-ce à dire que l'œuvre terminée, nos vallées n'auront plus à redouter le fléau des inondations? Non, sans doute. Les grandes inondations se rattachent à des causes que la main de l'homme est impuissante à supprimer. Quand bien même toutes nos montagnes seraient couvertes de bois et d'herbes, il n'en existerait pas moins, au-dessus de la limite de la végétation, une zone immense, au sein de laquelle certains phénomènes météorologiques peuvent déterminer une fonte brusque de neige et, par suite, précipiter, sur les parties inférieures, une masse d'eau qu'aucun obstacle ne saurait ni modérer, ni arrêter. Une pluie diluvienne tombant, pendant un temps très-court, sur un point déterminé, peut aussi provoquer, vers les parties inférieures, une irruption que rien ne peut retenir.

Mais en dehors de ces grands accidents, heureusement rares, et qu'il faut bien se résigner à subir, les travaux de reboisement sont destinés à créer un grand nombre d'abris protecteurs, qui assureront la sécurité de villages, de routes et de terrains en culture, dont la conservation est aujourd'hui très-précaire.

On ne peut que souhaiter vivement que les efforts de l'administration française soient appréciés et imités par les autres pays.

§ 2. Pays étrangers.

Si l'on jette un rapide coup d'œil sur la situation forestière des diverses nations, on trouve, en première ligne, sous le rapport de l'état d'avancement des procédés de l'exploitation des forêts : l'Allemagne et la France. En comparant avec attention la marche suivie par chacune de ces deux nations dans la voie du progrès, peut-être trouverait-on les forestiers allemands plus attachés à la perfection des détails de la culture, et les forestiers français plus préoccupés des combinaisons d'ensemble qui président à la science des aménagements.

L'Angleterre métropolitaine a conservé peu de forêts, mais elle en possède d'immenses dans ses colonies. Les forêts du Canada notamment lui fournissent une partie considérable des bois qu'elle consomme chaque année, et dont la valeur totale n'est pas évaluée à moins de 300 millions de francs. L'Inde offre moins de ressources, surtout parce que les forêts étendues de cette contrée sont mal traitées et imparfaitement gérées. L'Angleterre, qui ne néglige rien pour développer ses richesses, a entrepris récemment de remédier à cet état de choses, et de former des forestiers capables de tirer des forêts de l'Inde le meilleur parti possible. C'est à la France qu'elle a demandé l'instruction de ses forestiers. Dès cette année, cinq jeunes Anglais ont été envoyés à l'École forestière de Nancy, pour y acquérir, auprès des savants professeurs de cet établissement, les notions de la science sylvicole.

C'est aussi à la France que la Russie emprunte ces notions. Tous les ans, plusieurs officiers forestiers de ce pays viennent étudier notre régime forestier, et puiser dans les détails de notre gestion ce qui peut être applicable aux immenses forêts que la Russie possède tant en Europe qu'en Asie, et dont l'étendue, dit-on, n'est pas inférieure à 150 ou 200 millions d'hectares.

A l'exemple de l'Angleterre et de la Russie, l'Empire ottoman, désirant ne pas laisser stériles ses richesses forestières, a cru ne pouvoir mieux faire que de réclamer de la France des indications à ce sujet. Seulement, au lieu de nous envoyer ses agents, elle nous demande les nôtres. Un conservateur des forêts de France explore depuis plusieurs années les forêts de la Turquie d'Europe et de la Turquie d'Asie. Quatre nouveaux agents également Français lui ont été adjoints, il y a un an environ, pour l'assister dans sa mission, et il n'est pas douteux qu'en suivant leurs conseils, le gouvernement ottoman ne parvienne à tirer un excellent parti des belles forêts que le pays possède, notamment en Bosnie et en Caramanie.

C'est toujours de Suède et de Norwége que la France tire la plupart des bois de construction qu'elle importe. Ce n'est pas seulement à destination de France, mais de tous côtés, que ces contrées expédient chaque année d'énormes quantités de bois. Aussi quelques craintes s'élèvent au sujet de la durée de ces richesses, dans lesquelles on puise si abondamment, sans se préoccuper suffisamment, peut-être, d'en assurer la régénération.

Il résulte de ce rapide exposé et des faits de l'Exposition universelle de 1867, que le matériel et les procédés des exploitations forestières sont généralement en voie de progrès, et que la France n'est, à cet égard, en arrière d'aucune nation.

CLASSE 55

MATÉRIEL ET PROCÉDÉS DE LA FILATURE

PAR MM. MICHEL ALCAN, PROFESSEUR AU CONSERVATOIRE DES ARTS ET MÉTIERS, ET ÉDOUARD SIMON, INGÉNIEUR DU SYNDICAT DES CLASSES 55 ET 56.

OBSERVATIONS PRÉLIMINAIRES.

Les classes 55 et 56 comprennent les moyens mécaniques destinés à la transformation des substances filamenteuses brutes en produits, dont l'ensemble ne constitue pas moins de neuf classes dans les groupes III et IV. Le matériel considérable nécessité par un aussi grand nombre de spécialités peut se subdiviser lui-même en deux sections principales : la première renferme tous les outils réservés aux préparations qui accompagnent ou suivent immédiatement la récolte de la matière première ; tels sont les appareils à égousser et égrener le coton, à rouir, broyer, tiller et espader le chanvre et le lin ; à épurer, laver et sécher les laines ; l'outillage complet des magnaneries ; les machines à effilocher les déchets divers et à désagréger les matières fibreuses recouvertes d'enveloppes résistantes, etc. ; la seconde section réunit les transformations ultérieures, depuis le cardage des nappes de ouate, le foulage des feutres, le câblage des amarres les plus puissantes jusqu'au retordage des fils les plus fins ; depuis la fabrication des grosses toiles de chanvre et de lin, jusqu'au tissage du taffetas et des façonnés et à la confection des étoffes à mailles. L'étendue des progrès industriels réalisés depuis la substitution des organes mécaniques aux moyens primitifs encore en usage chez les peuples de l'Orient, en rend chaque jour la constatation plus difficile; puis, à mesure que le mouvement ascensionnel se généralise, les grandes étapes sont plus rares; l'industrie avance, mais pas à pas; cependant, elle est encore loin d'avoir résolu l'ensemble des problèmes qui surgissent devant elle, et l'étude de sa marche devient minutieuse.

On file et on tisse aujourd'hui comme il y a vingt ans et plus; néanmoins, le niveau général de la qualité des produits est incontestablement plus élevé; les prix de vente se sont abaissés, pendant que les salaires se sont accrus dans une proportion marquée. Ces résultats, rendus plus évidents par l'Exposition de 1867, sont dus, à part quelques exceptions sur lesquelles nous insisterons, à la diffusion des progrès plutôt qu'à l'originalité des moyens.

Cependant, quelques industries ne figurent que par leurs produits et n'ont point exposé les procédés intéressants qui les caractérisent. Telles sont les feutres, les broderies, les dentelles, les étoffes pour ameublement et les tapis, ceux-ci représentés seulement par un métier à tisser les moquettes, dans la section belge; les améliorations réalisées dans ces spécialités sont largement démontrées dans les vitrines de la France et des autres pays, notamment de la Suisse et de l'Angleterre; il est regrettable que l'absence du matériel approprié à des travaux si longtemps réservés, pour la plupart, à des femmes, ne nous en permettent pas l'étude.

Cette relation intime entre les résultats et les appareils qui les fournissent nous a naturellement amenés à désirer, pour les expositions ultérieures, la constitution de groupes où les jurés, appelés à statuer sur la valeur des moyens et des produits d'un même ordre, seraient réunis de façon à s'éclairer mutuellement, au profit des industries dont ils représenteraient les intérêts. Les hommes de science trouveraient chez les praticiens des données propres à les mettre en garde contre certaines idées mécaniques, plus séduisantes en apparence que réellement avantageuses; l'attention des praticiens serait éveillée par la curiosité de collègues toujours à la recherche de moyens dont la nouveauté constitue souvent le principal obstacle à l'adoption. Il en résulterait, si nous ne nous trompons, une garantie de plus pour la répartition générale des récompenses entre les diverses classes. L'examen des industries fondamentales des classes 55 et 56, qui présentent un ensemble imposant dans la galerie des Machines, démontrera peut-être, en nous obligeant parfois à des empiétements inévitables, l'opportunité de cette classification.

Les principes qui servent de base au traitement des matières fibreuses permettent de ramener à sept grandes catégories les nombreuses ramifications de la classe 55 : 1° filature du coton ; 2° du chanvre, du lin et du jute ; 3° des laines longues et autres fibres animales de dimensions analogues ; 4° des laines et autres fibres animales courtes ; 5° de la soie ; 6° des déchets de soie ; 7° l'ensemble des moyens manuels et mécaniques de la corderie. Quatorze *assortiments* différents concourent au même résultat final, la formation du fil. Mais chacun d'eux a son caractère propre. Dans le *coton*, deux catégories distinctes de machines : l'une, destinée à la préparation des filaments courts et basée sur le cardage, donne des fils des n°s 50-60 ; l'autre, réservée aux lins plus fins, doit toute sa perfection au peignage. Le *lin* et le *jute* peignés peuvent être transformés sur le même assortiment. Le *chanvre* exige des modifications telles, de force et de volume, dans les organes des machines, que cet outillage forme un assortiment distinct ; les déchets du lin, du jute et du chanvre, ou *étoupes*, sont travaillés sur les mêmes appareils. Dans l'industrie de la *laine*, deux systèmes principaux sont en usage : la carde et le peigne ; la carde pour tous les brins courts et vrillés, le peigne pour les filaments longs et lisses ; le peignage étant *subdivisé* lui-même en deux assortiments, suivant les dimensions de la fibre élémentaire. La laine mérinos et la laine anglaise ne sauraient se traiter par les mêmes organes. La *soie* présente l'outillage le plus simple et le plus original, car l rôle du filateur devient tout autre ici que dans les industries précédentes; la matière soyeuse livrée à l'état de fil par cette machine vivante, dont la merveilleuse délicatesse cause tant de soucis au magnanier, doit être seulement dévidée et *moulinée*, c'est-à-dire, retordue suivant certaines règles spéciales.

Le travail des divers déchets de soie exige, au contraire, un ensemble de machines comparable aux assortiments des autres matières textiles. Certains de ces déchets, désignés sous le nom de *frisons* et provenant du dévidage des cocons, doivent subir un dégommage préalable. Les autres, dus aux opérations ultérieures de la filature et même du tissage, peuvent être transformés directement ; des différences, sensibles à la plus simple inspection, dans les caractères physiques de ces déchets, nécessitent deux séries de machines. A ces divisions fondamentales s'ajoutent des outillages dont la composition est tronquée ou modifiée en raison de certains produits particuliers ; tels sont les assortiments spéciaux à la production des feutres de laine, des fils cardés-peignés, des fils feutrés, etc. La corderie, dont le bagage mécanique est encore restreint, présente cependant quelques machines intéressantes qui viennent clore l'ensemble du matériel de la classe 55 ; l'examen des pièces détachées pour filature et des garnitures de cardes complète naturellement l'étude des assortiments auxquels elles sont destinées.

Cette classification générale conduit tout d'abord à l'étude du *matériel utilisé dans le travail du coton*.

CHAPITRE I.

FILATURE DU COTON.

§ 1. — Appareils destinés au traitement de la matière brute.

Égoussage.—La récolte du coton se fait de diverses manières suivant les contrées. Dans les unes, comme aux États-Unis, en

Égypte, en Algérie, le fruit mûrit généralement assez pour se fendre et s'ouvrir au moment de la cueillette ; il suffit, dans ce cas, d'enlever à la main les houppes de duvet, en laissant sur l'arbre la gousse. Dans d'autres pays, et notamment dans l'Asie-Mineure, le Levant et l'Inde, les gousses ne s'ouvrent pas ou s'ouvrent peu ; on coupe les fruits, on les emmagasine, puis on les fait égousser à la main. Ce travail est lent et coûteux, quel que soit le bas prix de la main-d'œuvre ; le déchet est considérable, et la lenteur de l'opération est souvent une entrave aux transactions commerciales. Cet état de choses avait frappé les hommes compétents de l'Angleterre, qui se sont vainement livrés à la recherche de moyens mécaniques propres à remplacer avantageusement la main. La difficulté du problème consistait dans la nécessité de briser l'enveloppe dure de la gousse et de la séparer du coton, sans mélanger les débris de cette gousse aux fibres. Celles-ci devaient être, au contraire, livrées à l'égreneuse dans un état d'ouvraison et d'épuration propre à faciliter le travail. La machine devait être simple, rustique, et travailler économiquement. Le problème a été résolu conformément à ces données par la machine qui fonctionne dans la section française et qui vient d'être introduite à Tarsous, en Caramanie. L'appareil égousseur est formé de deux organes principaux mus par la même transmission : l'un remplit les fonctions d'un casse-noix, et l'autre d'une ouvreuse à coton. Cette machine, dont la force est d'un demi-cheval, est conduite facilement par une ouvrière et donne, au minimum, une production égale au travail de vingt femmes égoussant à la main (1). Si cette invention est comprise et se vulgarise, elle peut offrir de grands avantages non-seule-

(1) La machine à égousser de l'invention de l'un des rédacteurs de ce rapport, membre du jury, M. Alcan, n'a pu participer au concours international, par suite de la qualité de son auteur. Nous devons faire remarquer qu'il s'est glissé une erreur dans le rapport du Jury sur l'Exposition de 1862, tome II, page 486, à l'article concernant les machines à égrainer. Il y est question d'appareils à séparer les cosses des fibres ; il s'agissait non des cosses, mais des graines.

ment aux pays cotonniers en concurrence avec l'Amérique, mais aux ports comme Marseille, où il a été constaté que l'augmentation de poids résultant de la présence des gousses et des graines dans le coton brut n'est pas un obstacle au transport de cette matière. L'accroissement de poids se trouve largement compensé par le moindre volume des cotons non égrainés.

Égraineuses. — Trois systèmes d'égraineuses sont en présence à l'Exposition de 1867 : les États-Unis ont envoyé plusieurs modèles du *saw-gin*, généralement appliqué aux cotons courants courte-soie. Ces machines ne sont d'ailleurs remarquables que par l'élégance de leur construction ; le principe est toujours celui de l'invention primitive d'Elie Whitney, qui n'a point été la moins importante des causes du développement de la culture du coton en Amérique. Les constructeurs anglais continuent à répandre plus spécialement le système *Mac Carthy*. L'égraineuse de ce nom avait été réservée jusqu'ici aux cotons à fibres longues ; mais la maison Platt a cherché, par des modifications de détail, à la rendre également propre au traitement des filaments courts. Des perfectionnements dans l'exécution des organes permettent d'arriver à un accroissement de vitesse et à une augmentation proportionnelle dans le rendement, en même temps qu'à une économie considérable de main-d'œuvre. Grâce à une alimentation automatique, une seule ouvrière conduit quatre mac-carthy. Le troisième système, qui semble naturellement destiné aux cotons de nos colonies et surtout de l'Algérie convient aux longues soies. Il est caractérisé par un cylindre égraineur cannelé suivant des spires obliques dirigées en deux sens opposés. Ce mode de construction, poursuivi par des inventeurs français, s'oppose à la réalisation d'organes de grande dimension, et paraît devoir limiter l'emploi de ces égraineuses aux petites exploitations.

§ 2. — Matériel de la filature.

La filature du coton ne montre pas de machines bien originales, à l'égard des principes fondamentaux de la construction, mais elle présente certaines combinaisons spéciales et des appropriations qui marqueront un nouveau progrès, si les résultats répondent aux espérances. Nous voulons parler des peigneuses pour les cotons à filaments courts et des divers systèmes de métiers continus à filer. La solution du problème du peignage automatique des cotons longue soie par une des machines les plus ingénieuses de notre époque a réalisé un progrès aussi important qu'inattendu. Les produits peignés acquièrent une perfection et une valeur auxquelles n'atteignent pas les préparations de la carde. Il serait donc désirable que le travail irrationnel du cardage pût être toujours remplacé par le peignage. Aussi avons-nous constaté avec une vive satisfaction que les deux maisons de construction les plus importantes de l'Angleterre et de la France, Platt frères et Cie et Schlumberger et Cie, en exposant des machines à peigner le coton pour tous les numéros, semblent vouloir entrer résolument dans cette voie. Bien que la peigneuse anglaise, originaire d'Amérique, et la machine d'Alsace diffèrent entre elles, toutes deux rappellent par leurs dispositions essentielles le principe de l'invention de notre compatriote Heilmann.

Nous retrouvons dans ces appareils le moyen fécond du fractionnement de la mèche de préparation pour arriver au peignage successif de chaque extrémité avant de reconstituer cette mèche en un ruban continu. Les résultats déjà obtenus doivent engager l'industrie à employer le peignage dans un plus grand nombre de cas qu'elle ne l'a fait jusqu'ici, afin d'accroître encore l'échelle des produits fins. Les constructeurs ont compris, d'ailleurs, que la qualité du fil dépend au moins autant de la préparation fournie au métier à filer que de la perfection de ce métier lui-même; les soins apportés dans l'établissement de toutes les machines préparatoires sont la meilleure preuve de cette préoccupation.

Progrès de détails réalisés dans les machines préparatoires. — Les opérations qui précèdent le filage proprement dit ont pour but d'ouvrir, de battre, de carder ou de peigner, quelquefois de carder et de peigner, d'étirer d'abord sans torsion, puis avec torsion, les filaments successivement transformés en rouleaux, en nappes, en rubans de plus en plus fins. Chacune de ces préparations a lieu progressivement sur un certain nombre de machines du même genre, de façon à graduer l'action des appareils dans un ordre méthodique qui permette de tirer le plus grand parti possible de la matière, sans détruire l'élasticité et les dimensions primitives des fibres. Un progrès des plus réels, quoique des moins palpables, si ce n'est à l'inspection des produits, consiste dans la fixation du nombre des machines et dans le réglage de leurs organes en raison des caractères de la matière à traiter et du fil à obtenir. Le praticien compétent modifie, suivant l'occasion, l'assortiment dont il dispose. Dans certains cas, il fait subir au coton une désagrégation énergique par un passage à l'ouvreuse et deux ou même trois battages successifs, pour ne carder ensuite qu'une seule fois ; dans d'autres, le nombre des battages est diminué et le nombre des cardages accru ; dans d'autres encore, le battage et le cardage sont complétement remplacés par des démêlages et des peignages. Puis les préparations ultérieures sur les bancs à broches et les étirages se multiplient suivant le numéro du fil à produire. Ce progrès technique des connaissances industrielles, dû surtout à la vulgarisation des données théoriques, méritait d'être signalé, parce qu'il réagit chaque jour sur la composition du matériel, et qu'il est devenu la cause de toutes les améliorations rationnelles à indiquer.

Les organes alimentaires qui doivent fournir la matière brute aux premières machines ont subi diverses modifications dont le but est de régler la livraison et d'uniformiser le travail, de façon à transformer, dans l'unité de temps, la même quantité proportionnelle de coton. La ventilation établie pour débarrasser les fibres, aussi complétement que possible, de la poussière et des impuretés qu'elles contiennent, ne cause aucun préjudice à l'hygiène des ateliers. Le réglage des machines permet d'en faire varier certaines parties suivant la nature des filaments et leur état de pureté. Des compteurs arrêtent spontanément le travail, lorsqu'une longueur déterminée de nappe a été produite, afin de posséder une base constante dès le début du travail. Des appareils alimentaires, des cardes ont été l'objet de soins tout particuliers. Les deux cylindres antérieurement employés sont fréquemment remplacés par un cylindre unique. recouvert, à la partie supérieure, d'une sorte d'auge ou chapeau concave; les fibres entraînées entre ces deux circonférences concentriques se trouvent livrées aussi près que possible de la garniture du gros tambour. L'importance de cette condition est reconnue dans le travail des cotons courts, qui, autrement, échappés de l'appareil d'alimentation avant d'être livrés à la carde, tombent ou s'enroulent autour des cylindres, de façon à causer les coupures désignées sous le nom de *barbes*, ou, tout au moins, sont enlevés par la denture sans direction régulière. Nous devons à la mémoire d'un des hommes qui ont le plus contribué aux perfectionnements de la filature du coton, M. Bodmer père, de reconnaître qu'il avait proposé, il y a plus de trente ans, diverses dispositions d'alimentation basées sur le mouvement de rotation d'un cylindre dans une auge. L'adoption récente de ce principe, provoquée par l'emploi de nouveaux cotons à fibres très-courtes, n'en constitue pas moins un progrès.

Les divers systèmes de débourrage automatique du gros tambour, des hérissons et des chapeaux, dont les avantages étaient encore plus ou moins discutés en 1862, sont généralement adoptés au grand profit de la pureté des préparations, du bon entretien des cardes et de la santé du personnel. Ce résultat n'a pu être atteint sans de nombreux perfectionnements qui assurent au fonctionnement de ces débourrages une justesse mathématique. Les peignes détacheurs, à mouvement de va-et-vient alternatif, qui causaient le seul bruit désagréable de la carde, ne donnent plus lieu à cet inconvénient, bien que la vitesse de ces appareils ait été douée d'une nouvelle accélération.

Les bancs d'étirage, si parfaitement adaptés à leurs fonctions et si peu susceptibles de perfectionnements importants, présentent cependant aussi quelques modifications heureuses. La mèche de préparation, en passant toujours sur les mêmes points des cannelés, formait une sorte de sillon qui déterminait une usure rapide. On imprime aujourd'hui à la préparation un mouvement lent de va-et-vient qui l'amène successivement sur toute la longueur du cannelé et en prolonge la durée. L'enlèvement des poids ou pressions appliqués sur les rouleaux de l'étirage rendait souvent le service de la machine pénible et lent pour l'ouvrière chargée de la surveiller : une manivelle établie à la partie antérieure permet, à l'aide d'une transmission des plus simples, de soulever, sans effort et simultanément, un certain nombre de poids successifs. Nous ne parlons pas de la modification qui consiste à substituer six paires de cylindres aux quatre en usage ; cette disposition n'offre rien de bien important, au point de vue de l'originalité ; l'accroissement de régularité qui devait en résulter, au dire du constructeur, n'est nullement démontré.

Les bancs à broches, sans avoir subi des transformations fondamentales, sont encore l'objet de divers perfectionnements. Outre les améliorations signalées sur la machine précédente, nous voyons les broches et les ailettes plus solidement construites et combinées de façon à supprimer les vibrations qui causaient de fréquentes ruptures et limitaient la vitesse et la production. Des mécanismes débrayeurs spéciaux arrêtent plus rapidement l'appareil ; une disposition particulière du chapeau permet de découvrir simultanément, au moyen d'une manivelle, le pied d'une même série de broches pour effectuer le graissage, et de recouvrir hermétiquement les crapaudines; les cylindres de pression sont nettoyés à l'aide de petites toiles sans fin, ramenées constamment sur les rouleaux par la pesanteur de l'un des axes en fer autour duquel elles se meuvent, et entraînés dans le sens de ce mouvement par les cylindres eux-mêmes, de façon à présenter toujours une nouvelle surface exempte de duvet. La maison Schlumberger expose un banc à broches où les cônes sont remplacés par des plateaux de friction, afin d'obtenir des points de contact plus exacts et mieux définis; la commande du chariot est, en outre, séparée de la commande de l'envidage; deux plateaux disposés dans des plans symétriques correspondent à ces deux fonctions distinctes de l'appareil. Une maison anglaise a également cherché à remplacer les cônes par de doubles disques en fonte entre lesquels un plateau de friction peut glisser dans le sens vertical, pour recevoir des vitesses variables. Toutefois, la précision et la complication de ces machines donnent à la broche une valeur quatre ou cinq fois plus grande que dans le métier à filer le plus complet, et l'on a été naturellement tenté de les remplacer par des appareils plus simples. L'industrie normande emploie parfois, pour la production des bas numéros, le *rota-frotteur*, où le frottement remplace la torsion, et dont une exposition rouennaise offre le spécimen. Cette machine ne s'est pas propagée, malgré son prix relativement peu élevé, en raison de l'imperfection des résultats. Quelques constructeurs cherchent, en ce moment, à faire disparaître les causes de cette infériorité.

§ 3. — Métiers à filer.

Jamais les métiers à filer n'avaient présenté une aussi grande somme d'efforts et de moyens ingénieux, pour atteindre au perfectionnement des organes des deux types principaux : la *mull-jenny self-acting* et le *continu*. Les chercheurs, loin de se décourager devant les difficultés que rencontre l'adoption générale de ce dernier système, et de renoncer à lui voir partager le domaine du self-acting, redoublent d'énergie, et les mécaniciens français poursuivent la solution du problème avec une ténacité dont les industriels d'outre-Manche nous avaient souvent donné l'exemple. La section anglaise ne renferme qu'un continu d'un système suranné, tandis que quatre constructeurs français exposent chacun un métier digne d'attention par son originalité. Les sacrifices que s'imposent les praticiens, avec une persévérance digne des plus grands éloges, établiraient au besoin l'importance de la question, si nous n'avions à signaler dès aujourd'hui des résultats remarquables : la production des broches s'est accrue dans une proportion considérable; les broches de certains métiers de l'Exposition, dont la vitesse était limitée à 2,000 tours, tournent à 6,000. Les combinaisons réalisées pour soustraire le fil à des efforts de traction longtemps jugés inévitables donnent des numéros aussi fins et aussi peu tordus que la mull-jenny, et filent par conséquent la trame aussi bien que la chaîne, en détruisant ainsi l'un des obstacles les plus sérieux à l'emploi du système continu. Le fil est envidé indifféremment sous la forme de bobines cylindriques, s'il s'agit de la chaîne, ou de cônes appelés *canettes*, si c'est de la trame. Nous ne parlons que des progrès acquis par les nouveaux métiers exposés, et non des autres avantages connus du continu sur le mull-jenny, tels que l'économie de la place pour l'installation d'un même nombre de broches, l'augmentation de la production à vitesse égale, par la suppression des temps perdus de l'envidage, la diminution du déchet, etc.

Les recherches nombreuses nécessitées par la construction nouvelle des continus exposés ont eu pour premier résultat de doter les arts mécaniques d'un certain nombre de transmissions originales. De plus, quelques-uns de ces métiers pourront devenir des machines de préparations économiques, et remplacer des appareils plus compliqués et plus coûteux, tels que les bancs à broches. Enfin, ils seront, en raison de la précision avec laquelle ils ont été conçus, de précieux auxiliaires pour le retordage des fils. Il est à remarquer que chaque substance filamenteuse est travaillée à l'Exposition sur un continu qui lui est propre. Le métier consacré au lin est connu, sauf quelques modifications de détail, depuis l'origine de la filature automatique ; il figure dans les sections anglaise et belge. L'invention du continu pour la laine cardée avait été appréciée déjà en 1855; elle a reçu depuis, de son auteur, M. Vimont, des perfectionnements qui en font une des machines intéressantes du quartier français. Mais les deux métiers les plus originaux sont dus à MM. Pierrard, Parpaite et fils, de Reims, et à M. Ryo-Catteau, de Roubaix; ces deux métiers fonctionnent pour la première fois; tous deux peuvent filer indistinctement la laine peignée et le coton. Un dernier continu, de l'invention de M. Leyherr, de Laval, et construit avec quelques modifications par M. Sixte-Villain, de Lille, est disposé pour filer du lin sur un bord et du coton sur l'autre.

Métiers mull-jenny self-acting. — Nous ne terminerons pas cette revue des métiers à filer sans donner un aperçu des mull-jenny automatiques. Jamais, non plus, aucune Exposition n'avait réuni pareil concours de machines de ce système. Le coton, la laine cardée et la laine peignée sont travaillés sur les mull-jenny exposés par les divers pays de construction. Tous ces métiers décèlent des perfectionnements sérieux ; mais, ne pouvant entrer dans la description détaillée des mécanismes modifiés, nous ne signalerons que les améliorations les plus importantes. Le bruit intolérable causé par les transmissions a été notablement atténué, bien que le nombre de broches par machine ait été augmenté. Les changements brusques de vitesse et de direction dans les mouvements des commandes ont été également modifiés et sont devenus moins sensibles. Les cordes destinées à guider le chariot sont établies de façon à ne pas s'échauffer ni glisser comme par le passé ; le cadre ou *têtière*, sur lequel se rencontrent tous les organes essentiels du métier, est généralement fondu en une seule pièce, afin de posséder plus de stabilité et d'offrir une résistance suffisante aux ébranlements inévitables occasionnés par la succession d'efforts en sens contraire. Une disposition nouvelle dans la construction du chariot empêche les oscillations qui se produisaient pendant la course et surtout aux points de départ et d'arrivée, au grand préjudice de la régularité du filage. Des combinaisons simples de réglage permettent de travailler, sur le même métier, les fibres courtes et les fibres longues, de produire les numéros les plus élevés et les titres les plus bas.

De l'ensemble de ces perfectionnements résultent une augmentation dans la production et une diminution dans les proportions des déchets, la réduction du nombre des ouvriers et l'élévation des salaires, enfin la généralisation du système par son application à toutes les matières filamenteuses. Les hommes spéciaux les plus considérables ont contribué à ces améliorations, et c'est pour nous un agréable devoir de signaler la part prise à ces progrès par quatre de nos honorables collègues du Jury : M. Curtis, de la maison Parr, Curtis et Cie, d'Angleterre, a attaché son nom au système self-acting le plus simple et n'a cessé de le perfectionner depuis ; M. Schlumberger, de la maison Nicolas Schlumberger et Cie, l'une des plus anciennes de France, a rendu des services notables à l'industrie de notre pays en apportant dans la construction des mull-jenny automatiques de nombreuses améliorations de détail et une perfection caractéristique ; M. Achille Mercier, que la mort vient d'enlever si prématurément, était parvenu, grâce aux progrès réalisés par lui dans le matériel de la laine cardée, à se créer une clientèle spéciale dans tous les pays industriels du monde ; enfin M. Villeminot-Huart a imaginé un chariot auquel nous faisions allusion plus haut ; ce chariot, de forme parabolique, établi suivant un solide d'égale résistance, donne des résultats plus remarquables encore sur les métiers de neuf cents broches placés dans les ateliers de l'inventeur, à Reims, où ils fonctionnent sans la moindre vibration, que dans l'exposition du constructeur, M. Stehelin, où les dimensions forcément réduites de la machine rendent moins sensible la difficulté vaincue.

A côté de ces exposants hors concours il est juste de nommer, pour de sérieuses améliorations du même ordre, MM. Stehelin et Cie, Flécheux-Lainé, en France; M. Martin, en Belgique; M. R. Hartmann, à Chemnitz. Les métiers de ces trois derniers constructeurs sont spécialement destinés à la laine cardée. MM. Stehelin construisent indistinctement les machines pour coton, pour laine cardée et pour laine peignée.

CLASSE 56

MATÉRIEL DU TISSAGE ET DES APPRÊTS

PAR MM. MICHEL ALCAN ET ÉDOUARD SIMON.

MATÉRIEL DU TISSAGE.

Les procédés et les machines exposés dans la classe 56 ont autant d'importance que les moyens de la filature, mais présentent peut-être moins de subdivisions tranchées. Le matériel du tissage ne varie pas sensiblement suivant la nature des matières premières ou selon le mode d'entre-croisement des fils. Les dimensions des métiers, la force des organes et certains détails accessoires subissent seul des changements déterminés par la largeur, l'épaisseur et la constitution de l'étoffe. Les appareils pour préparer les fils au tissage reçoivent quelques modifications d'après les caractères de la substance; les machines à apprêter sont variées en raison des effets recherchés pour donner au tissu l'aspect le plus flatteur et le plus durable.

§ 1. — Métiers à mailles.

L'industrie française se trouve seule représentée d'une façon à peu près complète dans la spécialité des métiers à mailles élastiques pour bonneteries et à réseaux noués pour filets. La plupart des contrées manufacturières, à l'exception du Royaume-Uni, ont peu développé cette branche de la construction; depuis 1851, l'abstention de l'Angleterre, qui jusque-là avait conservé une avance marquée, ne saurait s'expliquer. Toutefois, en présence des perfectionnements réalisés par nos constructeurs et adoptés à l'étranger, il paraît douteux que les mécaniciens anglais nous aient devancés aujourd'hui. Tous les métiers à tricoter se classent en deux grandes catégories : les métiers *rectilignes* et les métiers *circulaires*. Le fonctionnement automatique du métier à tricoter les bas constituait une des grandes nouveautés de l'Exposition de 1862, dans le matériel des arts textiles. Le nombre des bas n'était limité que par la longueur du métier, et le rôle de l'ouvrier se bornait à une surveillance facile. L'Exposition de 1867 laisse bien loin ce premier essai. Le métier rectiligne, à pièces multiples, réalise le tricot à côtes sans envers, dont l'élasticité se prête à la confection des poignets, jarretières, hauts de jambes, etc. Grâce à l'application de la double fonture au métier automatique et à l'heureuse combinaison des transmissions de mouvement, nous voyons se former simultanément douze pièces de ce tricot dit à bords-côtes, dans le même temps où, avec le métier à la main, l'ouvrier n'en fabriquait que deux, au prix d'un travail pénible et absorbant. La production du métier rectiligne simple a été centuplée.

Les premières machines automatiques étaient compliquées et lourdes, et nécessitaient des ateliers au rez-de-chaussée; les métiers exposés sont simples et fonctionnent avec si peu d'efforts, qu'ils peuvent être placés dans un étage quelconque. M. Tailbouis, qui s'est montré le plus énergique promoteur des perfectionnements de ces métiers, a réalisé de notables modifications dans la construction; M. Berthelot, qui avait exposé également en 1862, présente un outillage où se trouvent réunies les plus récentes améliorations.

§ 3. — Métiers circulaires.

Les perfectionnements apportés aux métiers circulaires sont plus variés encore et non moins importants. L'un des principaux constructeurs, M. Buxtorf, s'est consacré à l'étude de ce système et a exposé un assortiment de dix-huit métiers, offrant chacun une particularité distincte. Le grand avantage de la disposition circulaire consistait exclusivement dans la puissance de la production. Certains de ces métiers font, en effet, cinq cent mille mailles à la minute, tandis que le métier rectiligne le plus complet n'en fournit que cinquante mille; mais le dernier donnait des produits que le premier ne pouvait aborder. Le métier circulaire ne faisait pas les tricots dits bords-côtes, ni les façonnés, ni les tricots à jour, ni la peluche, ni les lisières pour articles imitant la draperie; son rôle se bornait à la confection d'un manchon ou cylindre uni. Les produits devaient donc être exclusivement réservés aux articles à bas prix, découpés et grossièrement cousus, et laissaient à désirer au point de vue des apparences et de la solidité. Les perfectionnements dont le métier circulaire a été l'objet depuis peu d'années ont remédié aux inconvénients signalés, et ne donnent pas seulement des tricots analogues aux produits des meilleurs rectilignes, mais réalisent des effets comparables à ceux du métier Jacquart.

Ces progrès sont le résultat de certaines additions et combinaisons spéciales de l'organe du métier circulaire, désigné sous le nom de mailleuse; la mailleuse est chargée d'introduire le fil à tricoter en feston plus ou moins varié entre les aiguilles de la fonture, de façon à modifier l'action de celles-ci; mais le métier lui-même reste ce qu'il était en principe.

Les organes des métiers circulaires sont, d'ailleurs, établis avec un soin et un réglage tels qu'ils tricotent indistinctement les matières les plus dures et les moins élastiques, comme le lin, et les substances les plus moelleuses, la préparation même non filée. Cependant les progrès sont loin d'avoir atteint leur apogée, et une modification intime du système circulaire a ouvert une voie nouvelle. La particularité du métier dont nous voulons parler consiste dans l'absence des platines et de la roue mailleuse, indispensables au fonctionnement des autres appareils. Le cueillage, effectué jusque là par la mailleuse, a lieu par l'effet des aiguilles elles-mêmes, modifiées dans leur forme et munies de petites clenches articulées. Ces aiguilles, disposées verticalement sur un rail circulaire constituant une série de plans inclinés dans deux directions opposées, montent et descendent, suivant les plans ; par ce double mouvement, les clenches articulées ouvrent et ferment l'extrémité du bec. Dans le premier temps, le fil à tricoter s'engage dans le bec ; dans le second il est cueilli en feston. Il en résulte une simplification extrême du métier. Cette invention, dont l'auteur est inconnu (on le croit Américain), était restée sans application ; des constructeurs français, les premiers, en comprirent les avantages et les ressources, ainsi que le témoignent les métiers exposés. L'une des conséquences les plus curieuses de l'application de ces aiguilles, dites *self-acting*, est la construction d'un métier tout récent, où deux fontures, disposées sur des bâtis parallèles et rectilignes, agissent, soit alternativement, l'une de droite à gauche, et l'autre de gauche à droite, sur le même fil, pour former un tuyau aplati, soit simultanément, pour tricoter les bords-côtes, etc.

Un poinçon spécial agit sur les aiguilles et produit spontanément les diminutions, de sorte que, sans apprentissage et en tournant seulement une manivelle, le premier venu peut tricoter un bas avec talon renforcé et pointe, aussi bien que l'ouvrière la plus habile. Ce *tricoteur-omnibus*, comme il a été justement appelé, rendra de grand services, même dans les campagnes, car le prix de revient en est minime. Ce système ingénieux, inventé à peu près à la même époque, en France et en Amérique, est exposé par les deux pays et forme le trait d'union entre les métiers rectilignes et les métiers circulaires. Il est rectiligne par sa forme, mais il réunit les propriétés les plus importantes des deux systèmes : la grande production jointe à l'exécution des pièces de formes variées.

Les progrès réalisés dans une industrie aussi essentielle que la bonneterie témoignent de l'importance des recherches dont la continuité assure à cette spécialité de nombreux développements.

CLASSE 67

CÉRÉALES ET AUTRES PRODUITS FARINEUX COMESTIBLES, AVEC LEURS DÉRIVÉS

LES CÉRÉALES ALIMENTAIRES

PAR M. GUSTAVE HEUZÉ, INSPECTEUR GÉNÉRAL ADJOINT DE L'AGRICULTURE.

CHAPITRE I.

CULTURE DU BLÉ.

---

§ 1. — Les labours profonds sont-ils indispensables dans la culture du froment ?

La culture des céréales alimentaires préoccupe vivement de nos jours les agriculteurs des contrées septentrionales de l'Europe. Partout, en effet, on cherche, par des procédés spéciaux de culture, ou par l'emploi de nouveaux moyens de fertilisation, ou par l'adoption de nouvelles variétés, à accroître la production du blé et à diminuer autant que possible son prix de revient.

C'est dans le but de favoriser le développement des racines, des tiges et des épis de cette céréale qu'on a proposé, dans ces derniers temps, de défoncer les terres labourables avec des charrues à grande dimension et mises en action par des attelages composés de six à huit paires de bœufs. Mais est-il réellement utile, lorsqu'on veut accroître la production du blé, de doubler dans toutes les circonstances, même sur un sol de bonne qualité reposant sur un sous-sol perméable, la profondeur des labours ordinaires? C'est une bien grande erreur que de croire que le blé exige, pour être très-productif ou donner de 30 à 40 hectolitres par hectare, des terres ameublies jusqu'à 30 ou 40 centimètres de profondeur.

Les agriculteurs qui considèrent ces labours de défoncement comme indispensables ont soutenu dernièrement que le blé, sur des terres remuées et divisées aussi profondément, avait un chevelu très-abondant et très-allongé et que, dans de pareilles conditions, il devait donner des récoltes plus abondantes. Cette théorie, jusqu'à ce jour, n'a été confirmée ni par l'observation, ni par les faits. Si elle était exacte, il faudrait en conclure que les terres du comtat d'Avignon, qui ont porté des garancières et qu'on a défoncées jusqu'à 60 et même 75 centimètres au moment de l'arrachage des racines de garance, doivent donner toujours de remarquables récoltes de froment; en outre, on serait partout en droit de remplacer les labours ordinaires par des labours de défoncement sans accroître la force des fumures.

Lorsqu'on étudie le froment dans ses diverses phases d'existence, soit sur des sols un peu compactes, soit sur des terres de consistance moyenne, on constate bientôt que la production en grain, quelle que soit la variété cultivée, n'est jamais en rapport avec le développement et la hauteur des tiges, l'abondance et la longueur des racines qui composent la partie souterraine à laquelle on a donné le nom de *chevelu*.

Loin de nous la pensée que tout agriculteur doive éviter d'attaquer plus profondément avec la charrue les terres qu'il cultive! Mais, si l'expérience prouve chaque année combien sont efficaces les labours de défoncement, quand il est question de développer la production et la vigueur des plantes cultivées pour leurs racines alimentaires ou des végétaux à racinse longues et pivotantes comme le chanvre, la luzerne et le sainfoin, la pratique constate, d'un autre côté, que les céréales ont des racines déliées, de moyenne longueur et d'une existence très-limitée, puisque celles qui apparaissent en automne cessent toujours de végéter à la fin de l'hiver, époque où de nouvelles racines se développent pour persister seulement jusqu'au moment où les parties aériennes commencent à s'atrophier.

Ce sont ces faits qui, bien étudiés et observés, ont permis, dans les anciennes provinces du nord de la France, de reconnaître combien sont peu judicieuses les théories modernes sur les labours de défoncement, quand ces opérations sont proposées à l'agriculture qui produit principalement des céréales.

§ 2. — Influence que les engrais exercent sur la production du froment.

Mais il ne suffit pas de reconnaitre que le froment demande, pour donner des produits rémunérateurs, des terrains sains ou suffisamment perméables, de moyenne consistance, et labourés ou ameublis à l'aide des moyens ordinaires dont dispose l'agriculture, il faut aussi ne pas oublier que cette céréale n'est réellement productive que lorsqu'elle occupe dans les assolements une bonne position, ou qu'elle trouve à l'intérieur du sol sur lequel elle est cultivée tous les matériaux nécessaires à son développement. Or, en France, dans les localités où la production moyenne ne dépasse pas 15, 20 et même 25 hectolitres par hectare, le blé suit une jachère fumée ou une culture de betterave, de trèfle ordinaire, de colza, de pavot-œillette, de sarrazin, de chanvre ou enfin de maïs, qui, le plus ordinairement, ont été précédés par une fumure ; mais comme la partie immédiatement soluble de l'engrais appliqué a été absorbée plus ou moins complétement par les plantes qui suivent la fumure, il en résulte que le rendement du blé ne répond que très-accidentellement à la richesse initiale de la couche arable, c'est-à-dire au reliquat de la fumure qu'elle contient. Voilà pourquoi en France un grand nombre d'agriculteurs n'ont pu augmenter depuis vingt ans d'une manière sensible la production du blé sur les terres qu'ils cultivent.

L'Angleterre obtient annuellement des récoltes moyennes de blé plus abondantes que celles que nous obtenons ordinairement dans les parties les mieux cultivées de la Brie, de la Beauce et de la Picardie. C'est qu'elle a reconnu, depuis longtemps, l'utilité d'ajouter au sol, avant ou immédiatement après la semaille d'automne ou de printemps, un engrais complémentaire contenant des principes organiques d'une facile solubilité alliés à des matières calcaires carbonatées ou phosphatées. Ces engrais, tout en favorisant le développement des jeunes plantes, leur fournissent des sels minéraux que le reliquat de la fumure ou la nature même du sol ne leur offrent le plus ordinairement que dans une très-faible proportion. Alors les tiges, quoique n'ayant pas une végétation exubérante, portent toutes cependant des épis très-développés et contenant de nombreux grains de très-belle qualité. Si la Flandre obtient annuellement de remarquables récoltes de froment, c'est qu'elle est bien convaincue de la puissance fécondante que les engrais ammoniacaux phosphatés à action presque immédiate exercent sur la production du blé.

§ 3. — Les sels minéraux ne peuvent remplacer les engrais organiques dans la culture du froment.

On s'est demandé cette année, comme les années précédentes, si l'agriculture pouvait, dans la culture du blé, remplacer les engrais organiques, c'est-à-dire les fumiers bien conservés par des sels alcalins. Ce mode de fertilisation n'est pas nouveau. On l'expérimente en Angleterre depuis vingt-cinq ans, dans des conditions diverses. Les faits qu'on a constatés ont permis de dire que les sels alcalins ne sont réellement efficaces et économiques que quand on les utilise sur des terres contenant des matières organiques susceptibles, en se transformant en humus, de fournir aux végétaux des principes assimilables. Partout où ces mêmes sels ont été appliqués sur des terres dépourvues pour ainsi dire de parties végétales ou animales, on assure que les récoltes ont été chétives et n'ont pu couvrir les dépenses qu'elles avaient occasionnées. Ce sont des faits analogues qui, bien enregistrés cette année encore, nous obligent à rappeler aux agriculteurs qu'ils doivent bien se garder de renoncer à l'emploi du fumier pour remplacer cet engrais par des nitrates et sulfates d'ammoniaque, de potasse ou de soude, mais qu'ils ont lieu de considérer ces mêmes sels comme de puissants auxiliaires, s'ils les répandent au moment de la semaille, soit seuls, soit mêlés avec de la poudre d'os ou à du phosphate acide de chaux, sur des sols ayant porté une culture quelconque précédée par une bonne fumure. C'est en suivant ce procédé cultural qu'ils pourront avoir la certitude d'augmenter progressivement d'une manière économique le rendement par hectare des céréales d'automne ou de printemps.

§ 4. — Avantages des semailles en lignes sur les semailles à la volée.

Jusqu'au milieu du siècle dernier les grains de blé, de seigle, d'orge et d'avoine étaient semés à la volée et enterrés avec la herse ou à l'aide de la charrue. Bien convaincu que ce mode d'ensemencement n'était ni parfait ni économique, on imagina des appareils pour distribuer les semences des céréales suivant des lignes parallèles et équidistantes.

Ces semoirs excitèrent l'attention des agriculteurs ; mais, soit que ces appareils fussent alors très-imparfaits, soit qu'on ne fût pas encore bien convaincu de la supériorité des semailles en lignes sur les semis à la volée, en France comme en Angleterre, on revint bientôt aux anciens procédés, en abandonnant ce nouveau mode de semaille. Le progrès que fit en Angleterre, il y a trente ans, la mécanique agricole permit de doter l'agriculture de ce pays de semoirs bien supérieurs, sous tous les rapports, aux mêmes appareils inventés en Italie ou en Espagne pendant le XVIIe siècle. Les excellents résultats obtenus à l'aide de ces semoirs perfectionnés, frappèrent de nouveau les agriculteurs progressifs de l'Angleterre et de l'Écosse, et éveillèrent une seconde fois en France l'attention des cultivateurs qui reconnaissaient combien il serait utile de diminuer le prix de revient du blé.

Si l'agriculture française n'est point encore parvenue, d'une manière générale, à obtenir, dans la culture de cette céréale, des résultats économiques aussi satisfaisants que ceux réalisés par l'Angleterre agricole, qui, elle aussi, doit sans cesse lutter contre une main-d'œuvre peu abondante et des salaires très-élevés, elle se plaît néanmoins à reconnaître que son intérêt exige qu'elle renonce aux semis à la volée pour adopter de préférence les semailles en lignes. Certes, si ce nouveau procédé n'avait pas répondu à son attente, elle ne posséderait pas en ce moment un aussi grand nombre de semoirs, et la Flandre, la Picardie, la Brie, etc., ne présenteraient pas chaque année des cultures de blé et d'avoine faites en lignes sur des étendues aussi considérables. Les semis en lignes, il faut l'avouer, ont encore en France de nombreux adversaires. L'agriculture des départements ne se préoccupe nullement, à bon droit, des objections qu'on fait aux semoirs à blé. Elle n'ignore pas que les personnes qui ont soutenu que les semailles de blé en lignes étaient peu avantageuses, avaient mal expérimenté ce nouveau procédé ; en effet, elles avaient adopté des semoirs imparfaits en ce qu'ils répandaient trop de semence dans les rayons.

On a aussi agité dans ces derniers temps la question de savoir à quelle distance les lignes devaient être éloignées les unes des autres. Si les agriculteurs qui ont soulevé ces discussions s'étaient donné la peine d'étudier la culture du nord de la France et celle de l'Angleterre, ils auraient appris que les lignes de blé doivent être espacées de 0^{m}18 à 0^{m}22 au lieu de 0^{m}30 à 0^{m}40, et qu'il est nécessaire dans les semailles d'avoine de printemps d'écarter les rayons de 0^{m}15 à 0^{m}17 au maximum.

Mais on se tromperait étrangement si on pensait qu'il suffit, pour qu'une semaille de blé en lignes soit bien faite, que le semoir ait permis d'économiser un quart au moins de la semence qu'on doit projeter par hectare, quand on sème à la volée, et qu'il ait en outre, distribué régulièrement la semence et enterré celle-ci à une profondeur donnée et toujours constante. On ne peut espérer dans cette occurrence de bons résultats que lorsqu'on donne au blé, soit en mars, soit en avril, un excellent binage exécuté par des ouvriers ou à l'aide d'une houe à cheval spéciale. Cette opération est indispensable dans la plupart des circonstances ; non-seulement elle a pour but la destruction des plantes indigènes qui ont végété depuis la semaille en même temps que le blé, mais elle permet l'ameublissement et l'aération de la partie superficielle de la couche arable, ce qui aide puissamment à la végétation de la céréale au moment où elle commence à taller sous l'influence d'une température plus élevée. Un binage exécuté à bras occasionne une dépense de 10 à 15 francs par hectare ; cette somme est largement couverte par l'excédant de récolte que la culture en ligne permet d'obtenir et qui est au minimum de 150 à 200 litres par hectare.

§ 5. — Des variétés de blé les plus répandues en France.

On propose chaque année de nouvelles variétés de blés. On va même jusqu'à dire qu'on a obtenu, par la fécondation artificielle, des variétés hybrides bien supérieures dans toutes les circonstances aux variétés anciennes les plus productives et les plus méritantes pour la qualité de leurs grains. L'agriculture doit accepter avec défiance ces prétendues nouveautés.

Le plus ordinairement ces nouvelles conquêtes ne sont autres que des variétés anciennes peu connues, mais ayant des épis d'un aspect particulier. Les hommes qui spéculent ainsi sur la bonne foi des agriculteurs ne trouvent d'appui qu'auprès des personnes qui n'ont point étudié le blé dans ses diverses phases d'existence. Lorsqu'on examine attentivement les blés exposés par l'agriculture proprement dite et non par les personnes qui possèdent des collections plus ou moins complètes, dans le but unique d'obtenir une distinction dans les exhibitions agricoles, ou de vendre chaque année à des prix exagérés quelques litres d'une variété séduisante par la forme de ses épis ou la grosseur de son grain, on est obligé d'avouer que l'agriculture européenne cultive les variétés les plus méritantes connues jusqu'à ce jour.

Les pays septentrionaux ont adopté de préférence les variétés à graine tendre ou à cassure amylacée, et les contrées du midi de l'Europe multiplient principalement les variétés appartenant aux blés renflés dits poulards ou aux blés durs dits d'Afrique.

Les blés cultivés en Angleterre jouissent à bon droit d'une grande renommée; mais ces blés, qui sont ordinairement sans barbes et qui fournissent des grains tendres et une farine très-blanche, ne peuvent pas toujours être cultivés en France avec succès. Il faut, pour qu'ils conservent les caractères qui les distinguent, les faire naître sous un climat un peu analogue à celui de l'Angleterre et sur des terres de consistance moyenne et de bonne fécondité. Lorsqu'on les sème dans des contrées moins humides, sur des sols sujets à se dessécher pendant les mois de juin, juillet et août, non-seulement ils dégénèrent promptement, mais ils produisent moins en donnant des grains qui ne sont pas de première qualité. Toutefois, si les variétés à épis blanc jaunâtre, très-remarquables par la beauté de leurs grains, ne réussissent que dans des circonstances données, nous pouvons constater que les variétés anglaises à épis cuivrés, qu'on appelle vulgairement *blés à paille rouge*, et qui jouissent d'une certaine rusticité, se sont toujours montrés supérieures aux anciennes variétés françaises dans la région septentrionale de la France. C'est pourquoi on persiste, depuis quinze années, à les cultiver très en grand dans la Normandie, la Beauce, la Brie, la Picardie, etc. Ce sont ces variétés qui ont permis d'élever d'une manière sensible le rendement moyen du blé par hectare et d'abaisser le prix de revient de chaque hectolitre

La Flandre possède depuis longtemps des variétés à épis blanc jaunâtre qui fournissent des grains tendres ou blés fins aussi remarquables que les plus beaux blés anglais ; mais ces variétés, comme le blé de *Bergues* ou *blanc-zée* et le *blé de haie* ou *blé velouté*, que recherche la boulangerie des grandes villes, ne végètent bien que lorsqu'elles sont cultivées sur des sols sains, riches et de consistance moyenne.

La présence du calcaire à l'intérieur du sol exerce toujours, quand les terrains sont fertiles et bien cultivés, une influence très-remarquable sur les caractères physiques et chimiques du blé. Ainsi, les variétés qu'on cultive sur de tels terrains ont toujours des grains plus arrondis, mieux remplis, très-amylacés et blanc jaunâtre. Ces variétés à écorce plus mince, à son moins épais, réussissent mal sur les sols compactes ou argilo-siliceux à sous-sol peu perméable et sur les terrains acides ou de bruyères ; aussi est-ce en vain qu'on a cherché souvent à propager les variétés anglaises ou flamandes dans la Sologne, le Berry, la Bretagne, la Dombe, etc.

Si les terrains non calcaires produisent des grains plus allongés et toujours glacés ou demi-durs, ces mêmes grains ont pour l'exportation et la meunerie une grande valeur quand la qualité est belle, parce qu'ils sont riches en gluten et que le pain qu'on fabrique avec leur farine, ayant plus de corps que celle provenant des blés tendres, a la propriété d'être plus alimentaire, quoique moins beau, et de se dessécher moins rapidement. La Provence et le bas Languedoc récoltent des blés ordinaires à épis barbus de très-bonne qualité ; ainsi ces anciennes provinces cultivent avec succès le *blé touzelle* ou *tuzelle*, le *blé saissette d'Arles*, le *blé meunier*, le *blé richelle de Naples* à épis barbus. Il faut cultiver, dans la région du Sud, des alluvions un peu calcaires et fécondes pour pouvoir y récolter des blés ayant les qualités qui distinguent les beaux blés tendres de la région septentrionale.

Les *blés poulards* ne se localisent pas dans notre pays; on les cultive très en grand çà et là dans le Gâtinais, la Flandre, l'Anjou, les vallées de la Garonne et de la Limagne, le bas Languedoc, la Provence, etc. Ces blés, à paille pleine et très-résistante, ne réussissent bien que lorsqu'ils végètent sur des terres un peu fortes; leurs grains sont riches en gluten et fournissent une farine très-propre à la fabrication des pâtes alimentaires. Ce sont ces mêmes blés qui ont permis depuis dix ans, en France, d'obtenir des pâtes qui rivalisent par leurs qualités avec celles qu'on fabrique en Italie. En général, les *blés fins* ou blés tendres sont principalement cultivés dans les pays septentrionaux, dans les contrées un peu brumeuses, ou dans la région méridionale à une grande altitude ou sur des terres douces et un peu fraîches. Les *gros blés* appartiennent généralement aux contrées chaudes ou aux pays secs. Les blés récoltés en France les plus recherchés par le commerce sont: le blé blanc de Bergues, le blé de Beauce, le blé saissette d'Arles, le blé touzelle de Provence, le blé chiddam qu'on cultive dans la Brie, le blé de Saint-Laud, le blé bladette de Toulouse et le blé de Montauban.

Le blé touzelle est blanc; on le regarde à juste titre comme le plus beau blé de la Provence; le pain qu'on en fait est de première qualité et excellent quand il est frais.

Les blés durs qu'on récolte dans le midi de la France et de l'Europe entrent dans la manutention de l'armée dans la proportion d'un quart ou d'un tiers; ils donnent plus de pain que les blés tendres, et si ce pain est moins blanc, il est plus savoureux.

La Normandie, l'Anjou et la Bretagne produisent des blés semi-glacés excellents pour l'exportation, parce qu'ils ne s'altèrent pas dans les navires comme les blés tendres, sous l'influence de la chaleur et de l'humidité. Les blés qu'on récolte dans les plaines de Toulouse, de Castelnaudary et d'Arles jouissent à peu près des mêmes avantages. Bordeaux reçoit chaque année d'importantes quantités de gros blés de la vallée de la Garonne, des farines de Nérac et des blés doux demi-glacés des ports de Marans et de Luçon dans le Poitou.

Les grains et les farines que consomme la ville de Lyon viennent de la Franche-Comté, de la Lorraine, de la Bourgogne et, accidentellement, du Bourbonnais, du Berry et du Nivernais. Il faut que le prix du blé soit élevé pour que cette grande cité reçoive des blés de la Provence ou de Marseille ; il faut aussi que les farines de la Franche-Comté lui manquent pour que celles de la Provence ou du bas Languedoc remontent le Rhône.

La circonscription de Paris est alimentée par la Beauce, la Brie, la Picardie, le Berry et le Bourbonnais, localités où la culture du blé a fait de grands progrès depuis 1840.

§ 6. — L'association de plusieurs variétés ne présente aucun avantage.

Quelques esprits qui ont la passion des expériences sans savoir les poursuivre eux-mêmes, ont imaginé de cultiver simultanément sur le même sol diverses variétés de froment, croyant par là obtenir des produits plus élevés. Si l'association du blé et du seigle, que l'on a appelée *méteil*, a sa raison d'être dans les contrées où la terre, à cause de sa nature et de son degré de fécondité, ne permet pas la culture du froment, la culture simultanée de diverses variétés de blé ne peut pas être regardée comme une heureuse innovation. Ainsi, l'impossibilité dans laquelle on se trouve d'associer des variétés accomplissant leur maturité à la même époque et ayant le pouvoir de produire des grains de même qualité, oblige à récolter un mélange que la meunerie considère à bon droit comme irrationnel, et qu'elle désigne sous le nom de *blés bigarrés*. Ces blés rappellent les mélanges qu'on forme en ajoutant un ou deux hectolitres de blé dur à un ou deux hectolitres de blé tendre, et que l'on désigne dans la Provence sous le nom de *blés mitadins*. Tout agriculteur doit éloigner de son esprit l'idée d'associer diverses variétés dans le but d'obtenir un meilleur rendement par hectare. Si la variété qu'il cultive ne le satisfait pas parce qu'elle est délicate, sujette à la rouille et peu productive, eu égard au climat qu'il habite et à la fécondité de ses terres labourables, il doit y substituer une variété différente, mais éviter d'y associer un blé ayant des propriétés ou des qualités opposées.

§ 7. — Les blés récoltés en Algérie.

La culture du blé a pris une grande extension en Algérie depuis 1855. Les blés qu'on y récolte sont remarquables par leur belle qualité. Les blés durs sont glacés et presque transparents; ils proviennent des variétés dites *blé de Pologne*, *blé de Tangarog*, *blé d'Ismaël*. Ces blés sont trop sensibles au froid pour qu'on puisse songer un seul instant à les cultiver avantageusement dans le nord et dans le centre de la France. On les emploie à Marseille et à Lyon avec le plus grand succès dans la fabrication des gruaux et surtout dans celle des vermicelles et des pâtes alimentaires. Les blés tendres récoltés en Algérie sont très-beaux, mais on les cultive sur des surfaces moins grandes que les blés durs. Toutes les variétés qui fournissent les grains glacés ont des épis barbus; elles sont moins sujettes à l'égrainage que les variétés moins délicates et à épis imberbes.

CHAPITRE II.

COMMERCE DE LA FRANCE EN BLÉ ET FARINE.

La France ne produit pas tous les grains alimentaires qui sont nécessaires à l'existence de ses habitants. Les importations qu'elle a faites de 1821 à 1858 ont été chaque année, au minimum, en 1834, de 458 hectolitres de froment, épeautre, méteil et leurs farines, et au maximum, en 1858, de 9,157,943 hectolitres. Pendant cette longue période, les exportations ont atteint, au minimum, en 1821, 63,245 hectolitres, et au maximum, en 1851, 5,003,378 hectolitres. En résumé, la statistique constate que, durant ces trente-huit années, les importations ont excédé les exportations de 31,999,105 hectolitres, soit en moyenne annuelle, 842,081 hectolitres.

La loi du 15 juin 1861 a été favorable aux intérêts de l'agriculture française. Elle a été cause qu'on a substitué, sur un grand nombre d'exploitations, la semaille en ligne à la semaille à la volée, et qu'on a eu recours à l'emploi d'engrais spéciaux au moment des semis, dans le but d'élever le rendement et de diminuer le prix de revient. Il est vrai que l'agriculture, en présence des bas prix qui ont persisté pendant plusieurs années après la loi sur le libre échange, s'est plaint très-vivement, mais ses doléances ont cessé aujourd'hui, et elle a reconnu qu'elle avait eu le tort de réclamer le rétablissement des mesures prohibitives qui régissaient autrefois le commerce des grains, quand leur valeur vénale subissait temporairement une baisse importante. Voici quelles ont été les importations et les exportations de 1861 à 1866 :

ANNÉES.	IMPORTATIONS.		EXPORTATIONS.	
	Grains.	Farines.	Grains.	Farines.
1859......	1,879,709 qx	17,239 qx	4,674,893 qx	1,974,190 qx
1860......	761,097	10,883	3,254,989	1,253,885
1861......	9,693,054	757,048	722,740	310,347
1862......	4,778,906	400,047	1,753,006	169,940
1863......	2,000,725	158,708	2,509,077	129,622
1864......	1,132,987	30,745	2,032,479	517,655
1865......	673,286	17,706	4,884,043	2,015,673
1866......	970,900	21,600	4,827,001	2,092,242

Il résulte de ces données que, pendant ces huit années, les exportations ont excédé les importations de la manière suivante :

Grains divers.	967,364	quintaux métriques.
Farines diverses.	7,048,584	— —

Ces résultats confirment toutes les espérances qu'on avait espéré réaliser en faveur de l'agriculture française à l'aide de la suppression de l'échelle mobile.

La France reçoit des blés de la Russie méridionale, de l'Égypte et de l'Algérie, des provinces situées près des rives de la Baltique et de l'Amérique du Nord. Les États-Unis sont le seul pays qui lui expédie des farines.

C'est dans les ports du Havre, de Boulogne et de Dunkerque qu'elle reçoit les blés qu'elle importe des États-Unis et de la mer du Nord, c'est-à-dire de Hambourg, de Rastock, de la Poméranie et du Danemark. Tous les blés qu'elle importe du Levant ou de la mer Noire viennent à Marseille. Ce n'est que très-accidentellement qu'il arrive dans ce dernier port des grains de Dantzig ou de New-York. Quant au port de Bordeaux, il ne reçoit de l'étranger que des blés d'Espagne et quelque peu parfois de l'Amérique et des ports de la Baltique.

Les exportations que la France fait en Angleterre ont lieu par les ports de Dunkerque, Calais, Tréguier, Nantes et Marans. C'est par ces ports, en effet, qu'elle expédie des blés de l'Artois, de la Normandie, de la Picardie, de la Bretagne et du Poitou, et des farines provenant des environs de Paris, du pays Messin, du Maine et de la Bretagne.

CHAPITRE V.

MEUNERIE.

La France, pendant longtemps, n'a exporté à l'étranger que des grains et, depuis un demi-siècle, elle a reçu de l'Amérique des grains et surtout des farines. Les perfectionnements considérables introduits, depuis vingt ans environ, dans la meunerie française, ont permis au commerce des grains et farines de notre pays d'apporter de nombreuses modifications dans ses transactions. C'est ainsi que la France a pu, dans ces dernières années, expédier en Angleterre des farines en quantité considérable et qui ont été regardées comme supérieures en qualité aux farines originaires d'Amérique. La meunerie est redevable à M. Touaillon fils de la plupart des changements ou des perfectionnements qui ont permis à la France d'occuper sur les marchés européens le premier rang par sa mouture. C'est, en effet, à ce praticien habile et éclairé que l'on doit la disparition de ces vieilles habitudes, de ces préjugés surannés, de ces pratiques vicieuses que Parmentier et Cadet de Vaux ont cherché à combattre, il y a bientôt un siècle, avec une persévérance digne des plus grands éloges; c'est lui qui, s'engageant plus avant dans la route suivie par son père en 1807, préconisa les avantages de la mouture américaine, qu'on désignait alors sous le nom de *système dit anglais*. Cette mouture nouvelle consistait principalement dans la supériorité des moyens mécaniques, la substitution des meules de 1m30 de diamètre et rayonnées aux meules anciennes de 6 pieds, et dans l'emploi de la vapeur pendant les temps de chômage, c'est-à-dire, lorsque l'eau, par sa rareté dans la belle saison, ne permettrait plus aux roues hydrauliques de fonctionner. Mais ces importants changements ne furent pas les seuls qu'adopta la meunerie française intelligente. Après avoir modifié ou rendu constante sa force motrice, perfectionné ses roues hydrauliques, etc., elle adopta d'abord la bluterie et ensuite tous les moyens propres à nettoyer les grains rapidement et bien. C'est à l'aide de ces nouveaux engins mécaniques que MM. Darblay, Truffaut, Rabourdin, etc., sont arrivés à produire constamment des farines qui ont rendu désormais célèbre la meunerie française, parce qu'elles se distinguent toujours par leur homogénéité, leur bonté et leur blancheur remarquable, malgré les qualités variables des blés qui les fournissent.

La France n'est pas la seule nation qui ait exposé d'importantes collections de farines. L'Autriche se distinguait des autres pays par ses magnifiques produits provenant de la mouture ronde ou mouture à gruaux. Toutefois, si les farines de la Hongrie brillaient par leur bel éclat, si on était en droit de les regarder comme les plus belles de toutes celles qui avaient été exposées, on ne peut oublier qu'elles résultaient d'une mouture spéciale qui consiste à ne pas en extraire au delà de 10 à 12 pour 100 du blé. Nonobstant, ces farines attestaient bien, par leurs qualités remarquables, que la meunerie autrichienne et surtout hongroise a adopté assez récemment les procédés de nettoyage et de blutage en usage en France dans les principales meuneries.

La Prusse et la Russie ont aussi adopté la mouture ronde, mais leurs farines, quoique de belle qualité, ne peuvent soutenir la comparaison avec celles de la Hongrie. Les farines envoyées par l'Amérique étaient piquées et avaient été obtenues à l'aide d'une mouture ronde. Les produits provenant de l'Espagne attestaient une mouture bien comprise et qui a fait des progrès remarquables depuis 1862. La meunerie anglaise n'avait envoyé aucun de ses produits.

La meunerie française n'est pas parfaite dans tous les départements; mais si un grand nombre d'usines appellent de nombreux perfectionnements, nous pouvons, avec équité et d'une manière générale, la placer au premier rang parmi toutes les meuneries. Il n'en est aucune, en effet, qui soit de nos jours aussi largement dotée sous le rapport de la bonne disposition et de l'installation des grandes usines. C'est le mécanisme parfait qu'on y observe, c'est le mode ingénieux de rhabillage qu'on y a adopté, ce sont les divers engins propres au nettoyage et au blutage qu'on y voit fonctionner, etc., qui ont permis jusqu'à ce jour à MM. Darblay, Rabourdin, Bouzé-Aviat et tant d'autres, d'obtenir du premier jet ces proportions de farine qui étonnent les meuniers les plus habiles de l'Angleterre et de l'Autriche, et de pouvoir livrer à l'agriculture, en faveur de l'alimentation des animaux domestiques, des sons remarquables à la fois par leur largeur extraordinaire et leur grande légèreté.

Les farines, dans les circonstances ordinaires, ne peuvent conserver indéfiniment leurs qualités. Pour qu'elles restent panifiables pendant plusieurs années, il faut qu'elles aient été étuvées, c'est-à-dire, exposées pendant un temps déterminé à une température qui ne dépasse pas 65°. Toutefois, jusqu'à ce jour, l'étuvement des farines a bien peu répondu à l'attente du commerce et des exportateurs, ainsi que le prouve l'état des farines exposées par l'Amérique. Bien pénétré de l'importance qu'aurait l'étuvement des farines, si, par ce procédé, ces produits pouvaient se conserver longtemps sans altération, M. Touaillon s'est imposé la mission d'expérimenter ce moyen de conservation. Après diverses tentatives, il a reconnu que le procédé le plus simple et le plus efficace consiste à posséder un appareil ayant plusieurs plateaux à double fond superposés et chauffés par la vapeur, sur lesquels, au moyen de bras munis de palettes excentriques s'inclinant à volonté, la farine est déplacée alternativement du centre à la circonférence et réciproquement, sans frais de main-d'œuvre et sans frais de chauffage, puisqu'on peut utiliser la vapeur d'échappement de machines employées pour mettre les meules en mouvement.

Ce procédé peut être regardé comme parfait. Une farine étuvée à l'aide de l'appareil précité a été exposée à Paris en 1860 et à Londres en 1862. Le bocal qui la contenait a été scellé : 1° avec le cachet du ministère de l'agriculture et du commerce ; 2° avec le cachet officiel de l'Exposition universelle de Londres. Ce dernier cachet a été rompu en présence du jury, le 24 avril dernier. Après un examen attentif, la farine a été trouvée dans le plus parfait état de conservation. Cette constatation a confirmé de nouveau la supériorité du procédé de M. Touaillon sur les étuves qui ont été proposées depuis un siècle. Ce moyen d'étuvement est mis en pratique avec le plus grand succès depuis plusieurs années dans la plupart des maisons qui se livrent au commerce d'exportation et notamment chez MM. Darblay. Le prix de l'appareil inventé par M. Touaillon ne coûte que 6 à 7,000 francs ; un générateur de la force d'un cheval suffit pour un appareil pouvant étuver de 450 à 500 kilogrammes de farine à l'heure. D'après les faits constatés par M. Porlier, secrétaire de la classe 67, la farine contenue dans le bocal cacheté en 1862 provenait de l'usine de Corbeil, mais elle était plus blanche que les farines exposées cette année par la même meunerie, attendu que les farines de qualité supérieure acquièrent toujours plus de blancheur en vieillissant.

En résumé, la meunerie française a une grande importance mais pour bien apprécier les qualités des farines qu'elle produit, il est nécessaire de ne pas oublier qu'elle comprend treize cantons principaux, savoir : 1° la *meunerie du rayon de Paris*, qui est la plus perfectionnée et qui embrasse la Beauce, la Brie et l'Ile de France; 2° la *meunerie normande*, qui s'alimente principalement avec les blés du pays de Caux et du Vexin normand; 3° la *meunerie du Nord*, qui comprend de nombreuses usines alimentées avec les blés récoltés dans la Picardie, l'Artois et la Flandre ; 4° la *meunerie du pays Messin*, qui moud principalement des blés provenant de la Lorraine, de la haute Champagne et de la basse Alsace; 5° la *meunerie de Gray*, qui transforme en farine de belle qualité les blés de la Franche-Comté, de la haute Bourgogne et de la Bresse; 6° la *meunerie champenoise*, qui s'alimente dans la Champagne et une partie de la Picardie; 7° la *meunerie lyonnaise*, qui moud les blés du Lyonnais, du Forez, du Dauphiné et du Bourbonnais; 8° la *meunerie provençale*, qui transforme en farines les blés blancs du Comtat et de la Provence et une partie assez considérable des blés qu'on importe de la mer Noire ; 9° la *meunerie de Nérac*, qui ne travaille que les blés récoltés dans les plaines du haut Lauguedoc, dans l'Armagnac, le Quercy et l'Albigeois; 10° la *meunerie bordelaise*, qui reçoit quelquefois des blés de l'étranger, mais qui, le plus ordinairement, transforme en farine les blés de la Guyenne, du Périgord, de la Saintonge et du Poitou; 11° la *meunerie nantaise*, qui s'alimente principalement avec les blés récoltés sur les terres schisteuses ou granitiques de la haute Bretagne, de la Vendée et de l'Anjou, et sur les terres fortes des marais de la Vendée ou du Poitou; 12° la *meunerie du Maine*, qui produit de très-bonnes farines avec les blés récoltés dans l'Anjou, le Maine, le Perche et la plaine d'Alençon; 13° enfin la *meunerie de la Limagne*, qui livre à la consommation des farines moins blanches que celles de la Provence et du rayon de Paris, mais qui ont l'avantage d'être très-alimentaires, parce qu'elles sont aussi riches en gluten que les belles farines de Nérac (1).

(1) Pour les petits moulins à bras, voir les Rapports de MM. Grandvoinnet et Aureliano, à la classe 74.

CLASSE 71

LÉGUMES ET FRUITS.

FRUITS ET LÉGUMES A L'ÉTAT FRAIS

PAR M. PÉPIN, CHEF DES CULTURES AU MUSÉUM D'HISTOIRE NATURELLE.

FRANCE.

Depuis vingt ans, et surtout dans ces dernières années, les fruits de toute sorte ont été, sur beaucoup de points de l'Europe et de la France en particulier, améliorés d'une manière très-sensible, au point que les fruits médiocres ou de peu de valeur ont presque entièrement disparu de nos marchés; tels sont le petit blanquet ou muscat, la poire à la perle, etc. Ils ont été remplacés par de nouvelles variétés beaucoup plus grosses et de qualités très-supérieure. Il en est de même de certaines variétés de cerises inférieures, qui ont fait place aux cerises anglaises, hâtives et tardives, la reine-Hortense, la princesse-Eugénie, etc.

Les fruits à couteau ont de tout temps été recherchés en France pour leur bonne qualité, mais ce n'est qu'en 1580 que l'on s'est occupé de décrire les meilleures espèces et d'établir l'époque de leur maturité, afin de les répandre et de les multiplier dans nos vergers. En 1835 ou 1836, la culture des arbres à fruit a pris un grand développement, et, depuis cette époque, il s'est fait sur plusieurs points de la France de nombreux semis, qui ont produit des variétés très-remarquables. Depuis 1860 et 1862, les marchés de Paris sont abondamment pourvus de fruits de toute sorte, qui arrivent, non-seulement des environs de la capitale, mais aussi en quantités considérables de l'Auvergne, de la Picardie, d'Orléans, Tours, les Andelys, Nantes, Lyon, Saumur, Angers, du midi de la France et de l'Algérie, qui en envoient par wagons et souvent aussi par bateaux. Parmi les fruits de saison, les poires entrent pour une bonne part. En 1852, le chiffre était de 150,223,000 kilogrammes, et, dans ces dernières années, Paris en recevait plus de 200 millions de kilogrammes, dont une grande partie était ensuite dirigée sur Dieppe et le Havre, pour être expédiée en Angleterre et dans le nord de l'Europe.

Voici une statistique, publiée en 1864 dans les bulletins du Comice horticole de Maine-et-Loire, sur l'extension qu'ont prise dans la ville d'Angers et ses environs la culture et la plantation des arbres fruitiers. Les expéditions faites par les pépiniéristes et les marchands de fruits de cette ville ont été relevées sur les registres du chemin de fer ; les chiffres offrent par conséquent toutes les garanties d'authenticité.

Du 1er juillet au 31 janvier, il est parti de la gare d'Angers 695,151 kilogrammes de poires. Le maximum de cette expédition a eu lieu pendant le mois d'août, qui présente un total de 313,268 kilogrammes, soit, en moyenne, environ 10,000 kilogrammes par jour. Nous ne parlons ici que des meilleurs fruits de table, tels que les variétés Louise-bonne d'Avranches, duchesse-d'Angoulême, Saint-Germain, beurré-diel, d'Aremberg, doyenné d'hiver, etc., qui forment le fond de cette industrie comme poires de luxe. Mais il en est un grand nombre, moins belles de forme et, par conséquent, beaucoup moins chères, auxquelles on donne le nom de poire à la pelle, parce qu'elles sont chargées en vrac, à même le wagon, et n'ont besoin pour emballage que d'un peu de paille. Ces fruits sont vendus dans les rues de Paris à des prix accessibles à toutes les bourses; aussi sont-ils très-recherchés de la classe ouvrière et des ménagères qui les font cuire et en préparent ainsi un aliment sain et peu coûteux, qui est à la fois un supplément économique et une diversion agréable à l'alimentation ordinaire. Après le mois d'octobre, pendant lequel il en est expédié 134,698 kilogrammes, les envois diminuent notablement; en novembre, on ne compte plus que 19,148 kilogrammes; en décembre, 2,685, et en janvier, 150, puis rien en février. Il faut dire que, pendant ces derniers mois, il n'y a plus que des fruits d'hiver, qui sont des fruits de luxe.

On peut donc juger, d'après les innombrables envois de même nature qui se font de tous les points de la France, de la quantité des fruits qui s'expédient sur la capitale et dans les pays étrangers, et l'on remarquera que nous ne citons que les poires; nous ne parlons pas des pommes, raisins, cerises, groseilles et fruits à noyaux, dont l'industrie tire un si grand parti pour la distillerie et les conserves. On peut estimer le prix moyen de ces fruits à 30 centimes le kilogramme, ce qui donne une somme de 208,545 francs pour les poires seulement, et si l'on ajoute une somme égale pour celles qui ont été expédiées par les autres gares du département, on obtiendra un chiffre de 417,090 francs.

Dans certaines contrées de la Normandie, l'arboriculture fruitière se pratique d'une manière toute spéciale. Aux Andelys, par exemple, où l'on rencontre de nombreuses petites vallées, dont la couche de terre végétale atteint une assez grande profondeur, les arbres fruitiers se développent avec vigueur, les pommiers et les poiriers à hautes tiges greffés sur franc y atteignent de grandes proportions. Il n'est pas rare de voir quelques-uns de ces arbres rapporter de 40 à 80 francs par an. Les poires duchesse-d'Angoulême se vendent en gros par milliers; il en est de même du doyenné gris d'hiver, de la crassanne, du beurré-magnifique, Saint-Germain, catillac, bon-chrétien d'hiver, etc. Il est plusieurs de ces cultivateurs qui vendent pour 8 à 10,000 francs de fruits. Les framboisiers et les groseillers à grappes produisent encore annuellement, à chacun des cultivateurs, de 600, à 1,000 francs de fruits, qui presque toujours sont achetés pour l'Angleterre. La plaine de l'Ery, la vallée de la Seine, depuis Louviers, Gaillon, le petit et le grand Andelys, sont, comme disait un historien de Gisors, la Touraine normande. En effet, ces localités de la Normandie peuvent être, à juste titre, comparées à la Touraine, pour la grande fertilité des vergers et la beauté des fruits que l'on y récolte.

Jusqu'en 1792, les pommiers de reinette grise et les poiriers de bon-chrétien d'hiver étaient cultivés en grand dans ces contrées; les fruits étaient vendus sur pied à des marchands en gros qui les envoyaient par caisses, bien emballés, aux riches colons de Saint-Domingue. Chaque fruit était mesuré et devait avoir la grosseur indiquée. Il en est encore de même aujourd'hui; seulement on se sert à cet effet du diacarpomètre, et tous ces beaux fruits sont vendus en partie pour être expédiés en Angleterre, en Suède, en Norwége, et même dans l'empire de Russie.

A côté de ces bonnes et anciennes variétés de fruits, on en a introduit quelques nouvelles dont le débouché est également assuré. Ce sont les poiriers beurré-diel, beurré-rance, beurré d'Aremberg, bon-chrétien d'Espagne, curé, etc. Les variétés de poiriers à fruits à couteau, cultivées spécialement dans ces localités, sont au nombre de seize; elles sont toutes demandées pour le haut commerce. Les pommiers reinette du Canada, calville blanc, reinettes franche, grise, de Bretagne, etc., sont également cultivés sur une grande échelle et ont la même destination.

Comme nous le disions plus haut, les poires, gros et petit muscat, à la perle, etc., disparaissent depuis quelques années : on ne les trouve plus que très-rarement sur nos marchés. Elles sont remplacées avec avantage par la poire William, variété excellente très-multipliée aujourd'hui en Anjou, et par les poires de Madeleine, de coq, épargne, etc.

Les raisins de toute sorte sont très-appréciés en France. Nous recevons, dès les premiers jours de juillet, des raisins de table provenant de l'Algérie, de l'Espagne et du midi de la France : ce sont les raisins chasselas et de malaga qui se vendent à Paris, à cette époque, 2 à 3 francs le kilogramme. On est arrivé, par les procédés de conservation, la culture forcée et la précocité due aux climats plus chauds de certaines contrées, à en avoir constamment de frais pendant toute l'année.

MM. Lavielle et d'Imbert, propriétaires dans le département de Lot-et-Garonne, ont établi sur la côte, au midi de la vallée de la Garonne, des plantations de vignes chasselas blanc disposées en treilles basses de 1m50 de haut, qui rapportent de 4 à 5,000 francs l'hectare. Ces raisins se vendent de 23 à 25 francs le quintal. Il est à remarquer que les raisins blancs résistent mieux au soleil que les raisins noirs et rouges, ces derniers étant souvent brûlés par le rayonnement.

La culture des fraises et des framboises a fait aussi de grands progrès par l'amélioration des variétés obtenues de semis. La grande production de ces fruits permet de les vendre, en pleine saison, de 40 à 50 centimes le kilogramme. La culture des groseillers épineux dits à maquereau et des groseillers cassis s'est également améliorée. L'emploi considérable de ces fruits par les confiseurs et les distillateurs a fait que la culture de ces arbustes s'est étendue dans plusieurs de nos départements. Il en est expédié aussi de très-grandes quantités en Angleterre.

Les pêches cultivées dans les jardins des environs de Paris sont très-recherchées pour la finesse de leur chair et pour leur parfum. Les communes de Montreuil, Bagnolet, Charonne et Vincennes en fournissent non-seulement la capitale, mais aussi l'Angleterre et quelques contrées du nord de l'Europe. Elles sont employées par les confiseurs pour en faire d'excellentes conserves. Les pêchers du Midi apportent déjà leur contingent; mais lorsqu'on aura fixé quelques bonnes variétés autres que les pêches-pavie, et les avant-pêches jaunes, dont la chair a l'inconvénient de tenir au noyau, le commerce en sera plus considérable.

Parmi les arbres à fruits à noyaux, le prunier questche et le merisier sont très-recherchés en France et dans plusieurs parties des États de l'est et du nord de l'Europe pour pruneaux et distillerie. Dans le midi de la France, le prunier d'ente (dit prune d'Agen), est cultivé en grand et ses fruits sont transformés en de magnifiques pruneaux, qui sont envoyés à Agen, l'entrepôt et le centre du commerce de ces produits, qui donnent lieu à des transactions s'élevant chaque année à plusieurs millions de francs.

Pour nous résumer, nous dirons que l'arboriculture fruitière française jouit en Europe d'une réputation incontestée qu'elle doit, du reste, aux diverses expositions du sol et au climat tempéré de la France, conditions éminemment propices à la culture des arbres fruitiers. En Belgique, la pomologie joue aussi un grand rôle, les meilleurs fruits se substituent aux mauvais. La Hollande et une partie de l'Allemagne se tiennent au courant des bonnes espèces et de celles surtout qui sont de conserve. C'est un grand progrès dont les fermiers et les habitants des campagnes ne manqueront pas de tirer un parti très-avantageux.

Algérie. — Nos colons de l'Algérie se tiennent à la hauteur de leur mission ; on peut constater, à chacune de nos grandes Expositions, les progrès très-sensibles de leurs cultures, par la variété et le nombre des fruits et légumes qui sont exposés. Le nombre des planteurs européens était, en 1865, de 728, et les fruits exportés s'élevaient à 9,932,700. Les planteurs indigènes sont plus nombreux : on en compte 2,368, exportant 4,352,880 fruits.

La province d'Alger cultive beaucoup plus d'orangers que les autres provinces : Blidah est le principal centre de cette production. 200 hectares sont cultivés en orangers autour de la ville. On a pu voir, pendant plusieurs mois, les magnifiques oranges de toute sorte ainsi que les limons provenant de cette contrée, et les raisins frais de la même localité envoyés à l'Exposition dans la première quinzaine de juillet.

Parmi les arbres fruitiers, nous citerons les diverses variétés de fruits de bananier, néflier du Japon, goyavier, avocatier, cherimolia, arbres exotiques introduits dans ces dernières années et dont les fruits s'expédient déjà sur les marchés de Paris. La culture des raisins de table est aussi en progrès; les variétés sont bien choisies. C'est une branche assez importante qui devra produire d'excellents résultats. Les fruits indigènes jouissent aussi d'un certain mérite commercial : tels sont l'arbousier, le jujubier, l'azerole, le caroubier, le pistachier, le figuier de Barbarie, etc.

Les fruits cultivés en France et introduits en Algérie y mûrissent deux mois plus tôt sans avoir recours à la chaleur artificielle. Ce sont les abricots, les amandes, les cerises, les figues, les pêches, les raisins, etc., ce qui permet aux colons de les envoyer comme primeurs sur nos marchés où ils trouvent des débouchés très-avantageux. Les arbres fruitiers à feuilles caduques sont cultivés dans les proportions suivantes:

Province d'Alger.	722,938
— d'Oran	512,370
— de Constantine.	732,937

Il en est de même des légumes qui se consomment à l'état frais; ainsi depuis le mois de décembre on y récolte les petits pois, les haricots verts, artichauts, pommes de terre, patates, les différentes variétés d'ignames, etc., qui, pendant trois mois, sont expédiés à Paris et dans plusieurs villes de France, en Angleterre, etc.

Les dattes, qui sont la base de la nourriture des peuplades du Sahara, tiennent aussi une certaine place dans le commerce d'exportation. La région des Zibans, au sud de la province de Constantine, est le point où la culture du dattier est pratiquée avec soin et où ses produits acquièrent de grandes qualités.

Cette région compte dix-neuf oasis, dont Biskra est la principale, puis Laghouat, dans la province d'Alger, qui est un autre centre de la culture du même arbre. Le dattier a produit, comme la plupart de nos arbres fruitiers, un très-grand nombre de variétés obtenues de semis. Dans une collection venant des pépinières de Biskra, on en compte cent trente-sept, toutes distinctes par la forme et la grosseur des fruits; dans les Zibans, quatre-vingt-dix variétés. La maturité des dattes, suivant les espèces, a lieu du 15 août au 15 octobre.

La nomenclature de toutes les variétés de dattes qui existent dans les oasis du sud de l'Algérie n'a pas encore été établie d'une manière complète; mais on possède l'indication de toutes celles qui se rencontrent dans les principaux centres de production, notamment aux environs de Biskra, province de Constantine.

Biskra est pour les dattes ce que Blidah est pour les oranges. C'est dans un rayon de 25 à 30 lieues autour de cette oasis que l'on récolte les meilleures dattes de la colonie, lesquelles rivalisent avec ce qu'il y a de mieux dans ce genre, soit en Tunisie, soit au Maroc.

CLASSE 73

BOISSONS FERMENTÉES.

SECTION I.

VINS

PAR M. TEISSONNIÈRE, PRÉSIDENT DE LA COMMISSION DES VINS.

Cette classe, aux termes du catalogue, comprend les boissons fermentées provenant des raisins, pommes, poires et tous autres fruits ou baies, houblons, eau-de-vie, alcool, et distillation de tous fruits, noyaux, racines, grains et autres substances farineuses quelconques. Elle est représentée par des échantillons très-nombreux de provenances bien diverses ; vingt-neuf nationalités y ont concouru.

Pour la rapidité de l'exécution, le travail a été divisé en huit sections de façon que les experts n'eussent à déguster que des liquides ayant entre eux des liens d'affinité, ne produisant aucune transition brusque sur le palais. La 1re section était chargée des vins mousseux, français et étrangers ; la 2e, des vins de liqueur également français et étrangers ; la 3e, des vins de Bourgogne et vins dits du centre de la France se rapprochant comme goût et situation des Bourgogne ainsi que des similaires étrangers ; la 4e avait à déguster les vins de Bordeaux et vins secs du centre et de l'étranger, ayant de l'affinité avec les Bordeaux ; la 5e était chargée des vins de l'est de la France, blancs et rouges, des vins de la Suisse, de l'Allemagne, de l'Autriche, de la

Russie et autres contrées produisant des vins secs ; la 6e devait procéder à la dégustation des vins du Midi, secs, rouges et blancs de la France, de l'Espagne, du Portugal, de la Grèce, de l'Italie, de l'Algérie et tous autres vins du Midi, ayant de l'affinité avec les susnommés ; la 7e était chargée des spiritueux de tout genre et de toute provenance ; la 8e devait apprécier les bières, cidres, poirés, hydromels et autres fermentations de fruits ou baies divers.

Après les explications qui précèdent, nous n'entrerons pas dans de longs détails physiologiques au sujet des boissons fermentées, de leur emploi et de leur influence sur l'alimentation publique. Nous abandonnerons ce soin aux spécialistes qui ne manqueront pas cette occasion de continuer leurs recherches et de doter le public d'ouvrages contenant des aperçus nouveaux sur cette matière.

Nous allons rendre compte succinctement des faits les plus importants survenus depuis les dernières Expositions de 1855 et 1862, et qui intéressent la production et la consommation des divers liquides dont nous avons à nous occuper ; nous commencerons par le vin, dont l'importance va toujours grandissant, et nous consacrerons quelques pages à la production et à la consommation de ce liquide dans les pays qui nous ont apporté leurs produits.

Commençons par la France, qui figure pour la moitié de la totalité des produits exposés, et qui, par le nombre et la qualité de ses produits, mérite le premier rang. Cette manière de procéder est exempte de toute espèce d'esprit de nationalité et nous est imposée uniquement par l'esprit d'équité qui nous oblige à placer notre pays à la tête des nations qui produisent le vin.

§ 1. — Production de 1861 à 1866.

Depuis 1861-62, époque de la dernière Exposition, et qui coïncide avec l'emploi général et efficace du soufre pour combattre l'oïdium, voici quel a été le progrès général de la production :

1861. . .	29,738,243 hectolitres.	1864. . .	50,653,422 hectolitres.
1862. . .	37,109,636 —	1865. . .	68,942,931 —
1863. . .	51,371,875 —	1866. . .	63,837,633 —

Ces résultats d'ensemble seraient sans intérêt s'ils n'étaient accompagnés du détail par département, de façon à faire comprendre la composition des totaux que nous avons donnés.

Voici le détail, par département, des années 1863-64-65 et 66, pour une superficie d'environ 2 millions d'hectares cultivés en vignes.

	ANNÉE 1863	ANNÉE 1864	ANNÉE 1865	ANNÉE 1866
Ain	556,489	474,540	612,742	692,020
Aisne	259,364	178,133	235,739	311,885
Allier	302,279	299,695	271,915	332,294
Alpes (Basses-)	59,087	57,498	85,360	69,055
Alpes (Hautes-)	105,151	103,019	193,316	110,265
Alpes-Maritimes	50,178	59,484	68,205	49,256
Ardèche	181,093	202,243	254,603	264,620
Ardennes	68,788	24,896	50,312	106,111
Ariége	66,602	51,329	123,210	76,541
Aube	727,171	290,256	646,338	961,544
Aude	1,641,571	1,508,596	1,901,537	1,280,815
Aveyron	288,980	332,876	409,959	366,174
Bouches-du-Rhône	379,053	419,300	594,582	402,082
Calvados	»	3	3	»
Cantal	4,123	4,091	10,360	7,635
Charente	3,055,987	2,796,852	4,847,510	4,255,934
Charente-Inférieure	4,458,500	5,413,170	8,038,795	6,903,704
Cher	352,144	196,952	390,292	404,135
Corrèze	225,964	223,225	281,099	307,400
Côte-d'Or	1,015,081	776,341	1,016,505	1,001,745
Côtes-du-Nord	»	»	»	»
Creuse	»	»	»	»
Dordogne	710,300	792,803	1,195,875	1,185,214
Doubs	262,455	149,424	175,646	194,637
Drôme	312,486	373,555	400,875	430,098
Eure	24,913	11,877	18,017	32,127
Eure-et-Loir	94,615	83,615	112,311	84,935
Finistère	»	»	»	»
Gard	1,450,000	1,702,000	2,445,000	1,820,000
Garonne (Haute-)	616,661	532,461	1,235,074	705,017
Gers	1,887,818	1,304,070	2,088,686	1,695,882
Gironde	2,213,671	2,794,663	3,068,000	3,214,824
Hérault	6,718,329	7,121,453	9,022,945	6,137,153
Ille-et-Vilaine	1,000	1,970	1,670	1,627
Indre	357,430	232,748	416,522	426,970
Indre-et-Loire	847,842	839,809	1,208,144	1,294,194
Isère	397,273	412,217	563,713	565,802
Jura	485,433	452,547	532,594	715,011
Landes	290,866	190,949	373,247	315,807
Loire	919,618	801,240	1,013,574	1,016,015
Loir-et-Cher	278,410	356,477	350,024	518,384
Loire (Haute-)	83,800	69,323	94,493	96,906
Loire-Inférieure	1,520,700	2,454,156	2,358,096	1,866,355
Loiret	943,776	875,048	1,199,143	925,782
Lot	429,438	467,500	580,100	554,334
Lot-et-Garonne	1,117,467	965,219	1,491,196	1,204,432
A reporter	35,781,906	36,499,643	49,977,327	42,904,718

	ANNÉE 1863	ANNÉE 1864	ANNÉE 1865	ANNÉE 1866
Report......	35,781,906	36,499,643	49,977,327	42,904,718
Lozère	5,713	7,154	8,790	7,638
Maine-et-Loire	416,973	715,429	881,287	764,991
Manche	»	»	»	»
Marne	563,028	389,083	650,661	884,085
Marne (Haute-)	626,592	404,111	738,740	800,150
Mayenne	2,070	2,902	5,220	8,069
Meurthe	1,041,162	705,714	925,900	1,338,257
Meuse	462,000	367,500	653,000	650,434
Morbihan	13,620	24,073	27,808	31,293
Moselle	199,690	175,900	249,541	302,239
Nièvre	332,089	223,997	315,992	375,121
Nord { Dunkerque	»	»	»	»
Nord { Lille	»	»	»	»
Nord { Valenciennes	»	»	»	»
Oise	15,600	13,685	17,100	25,680
Orne	»	»	»	»
Pas-de-Calais	»	»	»	»
Puy-de-Dôme	860,698	641,274	861,807	927,163
Pyrénées (Basses-)	68,767	65,791	180,494	125,553
Pyrénées (Hautes-)	160,584	103,827	272,097	198,393
Pyrénées-Orientales	524,706	439,874	515,895	600,600
Rhin (Bas-)	520,500	469,800	659,400	903,600
Rhin (Haut-)	468,848	494,297	449,436	762,897
Rhône	762,618	859,729	868,769	1,514,478
Saône (Haute-)	478,926	320,209	394,750	543,573
Saône-et-Loire	1,320,989	1,297,128	1,346,611	1,848,962
Sarthe	127,113	130,391	181,314	89,934
Savoie	335,700	310,326	297,402	308,478
Savoie (Haute-)	213,728	247,436	249,638	259,973
Seine	70,372	71,421	81,497	110,102
Seine-Inférieure	»	»	»	»
Seine-et-Marne	354,549	315,410	448,141	656,284
Seine-et-Oise	478,544	409,472	496,335	601,143
Sèvres (Deux-)	365,168	491,950	710,257	539,402
Somme	»	»	»	»
Tarn	462,945	436,145	848,625	751,835
Tarn-et-Garonne	351,853	320,918	575,889	440,059
Var	738,993	885,851	1,111,808	811,097
Vaucluse	438,171	466,456	556,214	502,946
Vendée	648,159	729,858	979,184	801,334
Vienne	599,400	615,320	946,783	672,480
Vienne (Haute-)	28,431	24,201	37,833	28,046
Vosges	244,696	182,896	222,545	322,680
Yonne	1,206,971	895,266	1,200,821	1,508,646
TOTAUX.....	51,371,875	50,653,422	68,942,931	63,837,633

§ 2. — Déduction à tirer des tableaux de production par département.

La récolte du vin, comme toutes les récoltes, est soumise aux influences climatériques; aussi ne faut-il pas chercher à expliquer l'augmentation constante de la production uniquement par l'augmentation des plantations; il y a seulement lieu de remarquer que cette augmentation progressive coïncide avec les faits qui l'ont motivée; ainsi, après l'apparition de l'oïdium, après la perte de plusieurs récoltes, le découragement s'empare de quelques propriétaires qui se décident à arracher la vigne et à la remplacer par d'autres produits : un remède au mal est trouvé, il augmente sensiblement le rendement du sol et aussitôt on replante de la vigne, non-seulement partout où on l'avait arrachée, mais encore on défriche des terrains conquis à l'agriculture et qui viennent grossir la production; ce sont ces résultats qui se traduisent par les chiffres des récoltes de 1863 et 1864; nous ne parlons pas de 1865, dont l'abondance extrême est due à des conditions climatériques spécialement favorables et surtout à un printemps excessivement chaud et à un été sec. Cette année-là, tous les pays vignobles ont été favorisés; cette circonstance est extrêmement rare dans les annales de la viticulture française; en effet, le fait qui se produit le plus souvent, c'est que, quand le Nord réussit, le Midi récolte peu, et *vice versâ.* Quant à l'année 1866, la dernière récolte, les pluies à peu près continuelles qui ont occasionné tant de ravages dans le centre de la France ont augmenté la production au détriment de la qualité, qui est déplorable en beaucoup de ces régions centrales, tandis qu'au contraire les départements méridionaux subissaient une sécheresse tellement intense que la quantité récoltée était sensiblement réduite et que la qualité même se ressentait du manque de chaleur de cette année, qui, par rapport à la précédente, représente une augmentation sur tous les vignobles du centre et une réduction générale sur tous ceux du Midi.

A la suite de ces considérations générales et s'appliquant aux récoltes qui ont suivi 1860, nous devons ajouter que de 1855 à 1858 les quantités récoltées furent peu importantes, que les vignobles du centre furent particulièrement maltraités, qu'il en résulta des prix élevés; aussi, pendant cette période, la consommation se restreignit et s'alimenta au moyen de fermentations de toute nature; la plupart des vins qui, jusqu'à cette époque, servaient d'aliment à la chaudière en furent détournés pour être consommés. Ce fut là le point de départ de modifications profondes dans les plantations de vignes qui eurent lieu à cette époque; les Charentes et les départements du Midi commencèrent à entrevoir la possibilité de tirer un meilleur parti de leurs produits en les destinant à être consommés en nature au lieu de les convertir en alcool; l'obstacle le plus sérieux était de les faire accepter par le consommateur, ce qui eut lieu dès 1860.

Les chiffres que nous avons cités, quoique officiels, ne peuvent pas être regardés comme rigoureusement exacts; il en ressort néanmoins, qu'on peut considérer comme acquise une moyenne de production de 60 millions d'hectolitres. Nous avons à placer en face de cette production une consommation de 35 millions d'hectolitres, une exportation de 3,500,000 hectolitres, la conversion en alcool d'environ 10 millions d'hectolitres, des déchets qu'il ne faut pas évaluer à moins de 10 pour 100, c'est-à-dire 6 millions d'hectolitres, ce qui forme un total de 54,500,000 hectolitres, d'où il résulte un excédant de 5,500,000 hectolitres, chiffre insignifiant, quand on songe qu'il est à répartir entre plus de 2 millions de producteurs et que, quand une récolte présente un déficit sur le chiffre ci-dessus, ce stock se trouve presque instantanément absorbé.

§ 3. — Faits saillants produits dans la consommation des vins en France.

Nous avons vu que depuis l'Exposition de Paris, en 1855, la production s'était sensiblement modifiée, que les vins de qualité inférieure des départements du Midi, qui, antérieurement à 1860, étaient cultivés en vue de la chaudière, à la suite de la rareté produite par les ravages de l'oïdium, avaient été envoyés en nature sur les places de consommation, en remplacement des vins de l'intérieur qui, en 1860, étaient impotables. La faveur marquée que cet état de choses produisit pour les départements qui purent en profiter leur permit de continuer à modifier, en les améliorant, leurs procédés de culture et de vinification, et donna aux propriétaires un entrain toujours attaché au profit qui est le but de toute opération.

Les années suivantes furent plus heureuses pour les départements du centre de la France, la qualité fut meilleure et permit aux propriétaires d'obtenir des prix rémunérateurs. Cependant les vins du Midi continuèrent à jouer leur rôle de pourvoyeurs de la masse de la consommation, et, jusqu'à la fin de l'année 1865, le Centre et le Midi arrivèrent à la récolte, sans stock en magasin; tout était ou consommé ou dans les mains du commerce.

Toutefois, il est bon de placer ici un fait qui a produit une certaine sensation. Bien que le centre de la France ait vu la vente de ses vins se développer à mesure que le réseau des chemins de fer le mettait en communication directe avec les places de consommation, et que le résultat de l'augmentation de ces débouchés se soit traduit par une augmentation de prix, les départements du centre se sont préoccupés de l'envahissement considérable des vins du Midi et de la place qu'ils prenaient dans la consommation. Leurs comices agricoles, leurs Chambres de commerce et tous leurs organes ont pensé que le Midi devait exclusivement cette préférence à la franchise des droits sur les alcools employés au vinage dans sept départements. Ils ont vu là un privilége contre lequel ils se sont élevés en masse, en demandant que les sept départements favorisés rentrassent dans le droit commun ; cette levée de boucliers, que rien ne motivait, si ce n'est un sentiment de jalousie, a obtenu satisfaction, et, en 1864, le Corps législatif a supprimé la franchise dans les départements qui en jouissaient. Aujourd'hui que le grand niveau de l'égalité règne sur notre pays entier, les choses n'en sont point changées. Les départements du Midi, bien que privés de la faculté du vinage gratuit, sont demeurés en possession de leur clientèle, ils sont réduits à brûler, pour leurs avinages indispensables, partie de leur récolte, au lieu d'employer pour cet usage l'alcool que leur envoyaient les départements du Nord et de l'Est. Il résulte de cette loi une grande gêne pour le commerce de l'exportation, un appât de plus à la fraude, un écoulement considérable de moins pour les alcools d'industrie, et tout cela pour une recette insignifiante. Aujourd'hui les producteurs d'alcools d'industrie s'agitent pour demander au pouvoir la réduction à 20 francs du droit sur l'alcool en avinage, et pour reconquérir ainsi un écoulement qui représenterait 100 à 150,000 hectolitres d'alcools, soit 10,500,000 francs environ.

Depuis les dernières Expositions, le mode de consommer s'est sensiblement modifié ; en se généralisant, la consommation du vin s'est moralisée. La vente au cabaret s'est réduite, depuis que dans les grands centres de population il s'est créé de grandes maisons qui, au moyen de capitaux considérables, ont créé un matériel qu'ils mettent à la disposition de leur clientèle, en la dispensant de tous soins pour une denrée qui en exige de toute nature. La vente au panier rendu jusqu'à la mansarde du plus modeste ménage a permis l'apparition du vin sur la table de la famille de l'ouvrier et a ainsi dispensé le chef de cette famille d'aller hors de chez lui, sous prétexte de se reconforter, perdre un temps précieux et souvent se trouver en contact avec des personnes qui le détournent de ses obligations de famille. La vente du vin chez l'épicier permet à la ménagère d'acheter ce liquide chez ce commerçant, en même temps qu'elle y achète les autres objets nécessaires à la consommation quotidienne.

Avant de quitter le chapitre des considérations générales, nous devons appeler, d'une manière toute particulière, l'attention du gouvernement sur le grand fait qui se dégage des observations ci-dessus ; c'est que le vin qui, autrefois, était considéré comme une boisson dangereuse et dont l'usage devait être gêné par tous les moyens possibles, est devenu une nécessité de l'alimentation publique ; que son emploi usuel est très-utile à la santé générale ; qu'il joue le rôle d'aliment, presque au même titre que le pain et la viande ; que, dans cette situation, il doit être traité de même ; que, en conséquence, la révision de l'arsenal des lois qui régissent cette matière doit être aussi prochaine que possible ; que notre société, dont les aspirations démocratiques sont favorisées par l'Empereur, ne peut avoir deux poids et deux mesures pour les objets qui ont la même mission à remplir, et qu'il y a une injustice flagrante à charger un des plus précieux produits de notre sol d'entraves et de droits dont sont exonérés tous les autres ; qu'il y a une injustice plus criante encore à maintenir une législation qui établit entre les consommateurs des catégories qui aboutissent fatalement à grever la consommation des plus pauvres d'un droit dix fois plus considérable que celui payé par le consommateur aisé, et permettent une fraude qui est inévitable ; que le mode de perception de cet impôt place les citoyens qui exercent le commerce de cette denrée dans la dépendance d'employés dont le caractère, exclusivement fiscal, donne lieu à des froissements continuels nuisibles au développement de la production et de la consommation ; que cette révision est attendue avec une impatience que justifient les promesses de tous les gouvernements qui se sont succédés depuis le commencement de ce siècle.

Ces considérations générales posées, nous arrivons aux appréciations à faire par espèce ; nous les présenterons dans l'ordre indiqué pour le travail des experts.

§ 1. — Vins mousseux.

Les vins désignés sous cette indication sont l'objet de soins et de préparations spéciales qui modifient singulièrement la nature primitive du vin, et il faut reconnaître que le rôle de l'industrie est plus considérable sur ce vin que sur les autres ; sa consommation est exclusivement réservée aux jours de liesse et de festin.

La Champagne tient toujours le premier rang parmi le contrées qui se livrent à cette fabrication, tant sous le rapport de l'importance que sous celui des qualités délicates et agréables de ce produit. Après la Champagne, il faut placer les vins de la basse Bourgogne et notamment ceux de Chablis, Tonnerre, Épineuil, de la haute Bourgogne, représentée par les vins mousseux du château de Chassagne, de la côte de Nuits. Les négociants d'Angers et de Saumur ont exposé de nombreux échantillons. Tours, Vouvray et Rochecorbon ont aussi exposé de bons produits. Le Jura et la Meuse ont encore exposé des vins mousseux de bonne fabrication. Ces divers pays ont fait de louables efforts pour se rapprocher du type qui a fait la réputation de cette sorte de vin.

Nous avons constaté une amélioration bien marquée dans le système du débouchage et qui nous a paru très-intéressant, c'est celui qui accompagne le bouchon d'un appendice en forme de fusil qu'il suffit de tirer pour déboucher la bouteille sans détériorer le bouchon et sans avoir recours à aucun instrument pour rompre les ficelles et le fil de fer.

Ce vin, ainsi que nous l'avons dit en commençant, étant un objet de fantaisie, l'extérieur et la séduction de la forme sont d'un puissant attrait pour le débit ; aussi notre exportation s'accroît-elle constamment, grâce à tous ces soins intelligents.

§ 5. — Vins de liqueur.

Cette section est composée d'un nombre considérable d'échantillons présentés par les départements méridionaux, l'Algérie et la Corse.

Nos vins muscat de Frontignan ont été particulièrement remarqués ; leur finesse, leur bouquet distingué et odorant a pu supporter la comparaison avec beaucoup de vins similaires étrangers, notamment ceux de l'Espagne. Après eux, les muscats de Rivesaltes et de Lunel, les Alicante et les Tokai révèlent des soins particuliers et intelligents dans leur confection. Malheureusement pour beaucoup d'échantillons la limpidité a fait défaut, ce qui n'a pas permis une appréciation exacte. Le commerce de Cette a exposé de nombreux échantillons d'imitation de vins d'Espagne, de Portugal et d'Italie ; l'utilité de ces imitations a disparu depuis le traité de commerce qui permet l'entrée en franchise des vins originaires des pays qu'on cherchait à imiter ; aussi l'importance de cette fabrication diminue-t-elle chaque jour.

§ 6. — Vins de Bourgogne et similaires.

Cette section comprend en France douze départements. Le département de l'Ain a exposé des vins qui ont en général peu de qualité ; ils sont froids et très-fermes, se consomment en grande partie sur place, une partie est achetée par le commerce du Mâconnais ; il y a quelques bons vins blancs assez estimés. La production de ce département varie entre 550 et 700,000 hectolitres. L'Allier produit de 300 à 350,000 hectolitres de vin rouge et blanc; parmi les échantillons exposés, il y en a fort peu qui aient paru dignes de récompense. Le Puy-de-Dôme produit beaucoup de vin ; sa position centrale le met à l'abri des grandes variations que nous remarquons dans les départements des extrémités ; ainsi, entre 1863 et 1866, sa production n'a varié que de 860 à 930,000 hectolitres ; le vin rouge qu'il produit est coloré et assez plat ; il a une grande fraîcheur de goût. Dans les années bien réussies, de nombreux envois sont dirigés sur Paris, le reste se consomme sur place ou dans les départements voisins, dont la production est nulle. Le département de la Loire a vu sa production portée de 278,500 hectolitres en 1863 à 518,000 hectolitres en 1866 ; les principaux crus de ce département sont : Renaison et Pouilly ; il y a de beaux échantillons de cette contrée qui cultive bien. Le département de l'Aube, à l'exception des vins des Riceys qui sont excellents dans les anné s bien réussies, ne fait que du vin très-ordinaire ; sa production est d'environ 700,000 hectolitres. Le département du Loiret produit environ 900,000 hectolitres de vin ; la qualité en est très-ordinaire, cependant les Beaugency sont assez recherchés par le commerce. La production du département du Rhône doit être divisée en deux catégories. Les vins des côtes du Rhône, qui se rapprochent des vins du Midi et dont quelques échantillons sont d'une qualité remarquable, et les vins du Beaujolais qui se rapprochent de ceux du Mâconnais, vins très-frais et très-agréables au goût ; un grand nombre d'échantillons ont été exposés et plusieurs récompensés. La production de ce département, qui a été de 760,000 hectolitres en 1863, s'est élevée à 1,515,000 hectolitres en 1866. Le département de Saône-et-Loire produit aussi deux catégories de vins, ceux du Mâconnais, vins excellents, très-frais et d'une couleur légère, dont quelques crus sont remarquables, et les vins de la côte châlonnaise, d'une couleur plus foncée, se rapprochant de ceux de la Côte-d'Or, mais qui leur sont inférieurs. Il a produit 1,320,000 hectolitres en 1863, et 1,850,000 en 1866 ; de nombreuses récompenses lui ont été décernées. Le département de l'Ardèche a produit, en 1863, 180,000 hectolitres et 265,000 hectolitres en 1866. Les vins blancs secs de Saint-Péray sont très-appréciés ; plusieurs échantillons ont été récompensés.

Le département de la Côte-d'Or est celui qui, avec la Gironde, produit les meilleurs vins de France. Les vins de Chambertin, Romanée, Vougeot, Corton, Beaune, etc., par leur fraîcheur et leur bouquet, peuvent certainement, dans leur genre, rivaliser avec les meilleurs crus du Médoc et n'ont pas leur supérieur dans le monde entier. Ce département, qui produit environ un million d'hectolitres de vin, a obtenu un grand nombre de récompenses de l'ordre le plus élevé ; il mérite au plus juste titre d'être appelé Côte-d'Or.

Dans le département de l'Yonne, dont la production varie de 1,200,000 à 1,500,000 hectolitres, nous trouvons les vins rouges de la côte Saint-Jacques, ceux des coteaux d'Irancy, Auxerre, Épineuil, Tonnerre, les vins blancs de Chablis qui sont très-fins, les vins ordinaires très-frais et nets de goût ; ils sont tous recherchés par le commerce. Ce département a obtenu beaucoup de récompenses. Le département de la Haute-Vienne produit peu de vin, de 25 à 30,000 hectolitres ; quelques échantillons exposés ont été distingués. Le vin est corsé et de bonne conservation, il mérite d'être produit en plus grande quantité.

§ 7. — Vins de Bordeaux et similaires.

Cette production s'étend en France dans 19 départements : Le département des Landes, dont la production est d'environ 300,000 hectolitres. Il y a eu peu d'exposants. Vins très-ordinaires. Le département de la Vienne, qui produit de 600 à 700,000 hectolitres, a des vins sans caractère, mais qui se conservent bien. Le département de l'Indre produit de 350 à 400,000 hectolitres. Vins ordinaires et se conservant très-vieux. Le département de la Loire-Inférieure est un de ceux du centre qui produit le plus de vins : 1,520,000 hectolitres en 1863 et 1,865,000 hectolitres en 1866. En dehors des muscadets qui sont d'une qualité passable, ce département ne produit guère que de petits vins blancs accusant un goût prononcé de terroir; ils servent ordinairement à faire du vinaigre. Il n'y a que dans les bonnes années que ces vins peuvent entrer dans la consommation. Le département de Loir-et-Cher produit de 900,000 à 1 million d'hectolitres. Vins ordinaires, peu soignés, très-employés par le commerce. Dans les Deux-Sèvres, la production a été de 365,000 hectolitres, en 1863, et de 539,000 en 1866. Vins ordinaires, dont la plupart sont brûlés pour faire l'eau-de-vie de Niort. Le département de la Charente a produit 3,055,000 hectolitres en 1863, et 4,256,000 en 1866; c'est un de ceux du centre dont la production est la plus élevée. Vins ordinaires, dont une grande partie est convertie en eau-de-vie dite de Charente. Le département de la Corrèze produit environ 250,000 hectolitres. Vins ordinaires pouvant être améliorés par une culture et des soins intelligents. Le département de Lot-et-Garonne produi de 1,100,000 à 1,200,000 hectolitres. Ce département a exposé un certain nombre d'échantillons de vins passables, pouvant être améliorés par une culture et des soins plus intelligents. Le département de Tarn-et-Garonne produit environ 400,000 hectolitres, vins ordinaires, se rapprochant de ceux dits du Midi. Le département de la Haute-Garonne produit de 6 à 700,000 hectolitres, vins ordinaires, se rapprochant de ceux dits du Midi Le département du Lot produit, en général, des vins très-corsés, recherchés par le commerce; sa production est d'environ 500,000 hectolitres. Le Gers produit de 1,700,000 à 1,800,000 hectolitres; les meilleures qualités sont nettes et pures de goût. Les qualités inférieures sont converties en eau-de-vie dite d'Armagnac. Le département du Cher, dont les vins corsés et assez nets de goût sont très-estimés par le commerce, a obtenu plusieurs récompenses. Sa production est de 350 à 400,000 hectolitres. Le département d'Indre-et-Loire est un de ceux qui ont le plus exposé, plusieurs récompenses lui ont été accordées; il récolte de bons vins rouges pour la consommation; ses blancs, des coteaux de Vouvray, sont très-estimés. Sa production, qui a été de 847,000 hectolitres en

1863, a atteint 1,294,000 hectolitres en 1866. Le département de Maine-et-Loire a obtenu plusieurs récompenses; ses vins sont de bonne qualité, ils se conservent très-vieux, parfaitement frais. Les vins blancs sont surtout très-remarquables par leur grande maturité et assez de finesse; beaucoup de vins mousseux sont faits dans ce département, dont la production a été de 417,000 hectolitres en 1863 et de 765,000 en 1866. Le département de la Dordogne produit des vins qui se rapprochent beaucoup de ceux de la Gironde, ceux de Bergerac surtout sont remarquables; les rouges sont colorés pleins et moelleux, les blancs recueillis avec grand soin sont d'une maturité qui atteint presque la liqueur; ils sont en outre assez fins et d'un goût excellent. Ce département a obtenu plusieurs récompenses; sa production, qui a été de 710,000 hectolitres, en 1863, s'est élevée à 1,105,000, en 1866. Le département de la Gironde est celui qui, avec la Côte-d'Or, produit les meilleurs vins de France, et sans contredit, du monde entier. Les Château-Laffitte, Château-Margaux, Château-Latour, Château-Haut-Brion, Sauterne, Saint-Émilion, etc., sont connus de tous par leur fraîcheur et leur bouquet supérieur, aussi les nations étrangères viennent-elles chaque année faire des achats considérables dans ce département dont les vins les plus ordinaires sont estimés. La culture de la vigne y est portée au plus haut degré de perfection, les exposants sont très-nombreux, et ils ont obtenu un grand nombre de récompenses de l'ordre le plus élevé. La production, qui a été de 2,213,000 hectolitres en 1863, s'est élevée à 3,215,000 en 1866, c'est un des départements du centre qui produisent le plus.

Six départements vinicoles qui n'ont pas exposé doivent être compris dans la quatrième section, ce sont : la Charente-Inférieure, qui a produit 4,458,500 hectolitres, en 1863, et 6,903,704, en 1866; la Vendée, qui produit environ 700,000 hectolitres : la Nièvre, 350,000 ; la Sarthe, 100,000 ; la Haute-Loire, 100,000 ; le Morbihan, 20,000 hectolitres.

La Charente-Inférieure est le département du centre qui produit le plus de vins, mais en général c'est du vin très-léger, avec un goût très-prononcé de terroir, et dont une grande partie est convertie en eau-de-vie dite de la Rochelle. Dans les bonnes années, il fournit pourtant beaucoup de vin à la consommation. Les cinq autres départements récoltent du petit vin léger qui est consommé dans le pays.

§ 8. — Vins de l'Est.

Le Jura est, dans cette section, composée de douze départements, celui qui produit les vins les plus remarquables. Ses vins d'Arbois, particulièrement, ont été fort remarqués ; ils sont d'une couleur légère et très-fins, et se consomment en grande partie dans le pays. Si le commerce savait les apprécier, il en tirerait très-bon parti. La production varie de 4 à 700,000 hectolitres; il a eu beaucoup de récompenses.

Le département de la Marne produit de 500 à 800,000 hectolitres de vin d'une qualité très-ordinaire ; tout se consomme dans le pays, la légèreté de ce vin ne lui permettant pas de supporter les fatigues du voyage. Le département de la Meurthe produit de 700 à 1,300,000 hectolitres de vin très-léger, sans couleur, qui se consomme dans le pays, ne pouvant non plus supporter le voyage. Le Haut-Rhin produit de 400 à 700,000 hectolitres de vin très-léger, sans couleur, qui se consomme dans le pays. Une culture plus intelligente, dans certaines contrées, donnerait de bonnes qualités comme vins du Rhin. Le Bas-Rhin produit de 500 à 900,000 hectolitres de vin très-léger, consommé dans le pays ; une culture plus soignée, dans certaines régions, donnerait aussi d'assez bonnes qualités, également comme vins du Rhin. Le département de la Savoie produit environ 300,000 hectolitres de vin très-ordinaire, consommé dans le pays. Le département de la Haute-Savoie produit environ 200,000 hectolitres de vin dans les mêmes conditions. Le département de la Haute-Marne produit de 600 à 800,000 hectolitres de vin très-léger qui est consommé dans le pays. Le département de la Meuse produit de 4 à 600,000 hectolitres de vin de même nature. Le département des Vosges produit de 200 à 300,000 hectolitres de vin tout à fait analogue. Dix autres départements qui n'ont pas exposé doivent être compris dans cette section, ce sont :

L'Aisne, qui produit de	2 à 300,000	hectolitres.
Les Ardennes, de	50 à 100,000	—
Le Doubs, de.	150 à 200,000	—
L'Eure, de	20 à 30,000	—
L'Eure-et-Loir, de	80 à 100,000	—
La Moselle, de	200 à 300,000	—
L'Oise, de	15 à 25,000	—
La Seine, de	70 à 100,000	—
Seine-et-Marne, de.	300 à 600,000	—
Seine-et-Oise, de	400 à 600,000	—

Tous ces vins sont très-verts et si légers qu'ils ne peuvent qu'être consommés sur place.

§ 9. — Vins du Midi.

L'Hérault est celui des douze départements du midi qui récolte le plus de vin ; sa production varie de 6 à 9 millions d'hectolitres. Les soins intelligents apportés depuis quelques années à la culture de la vigne ont réussi à rendre ces vins de qualité passable, tandis que, naguère, la plus grande partie était convertie en eaux-de-vie ; la généralité de la production peut maintenant être consommée ; une grande partie est expédiée dans le nord de la France, l'étranger tire aussi beaucoup de ces vins chaque année. Leur bas prix les fait entrer pour de fortes proportions dans la consommation. Ils sont alcooliques, de bonne couleur et assez droits de goût ; ils deviennent de plus en plus appréciés, grâce aux soins dont ils sont l'objet. Les viticulteurs l'ont bien compris, et, en persévérant dans cette voie, ils augmenteront la valeur de leurs produits. Un grand nombre de récompenses ont été accordées à ce département. Le département du Gard produit de 1,400,000 à 2,500,000 hectolitres de vins. Ceux de Roquemaure, Saint-Gilles sont d'une qualité remarquable; alcooliques et agréables, ils sont très-appréciés par le commerce. Les vins ordinaires, d'une couleur faible mais assez alcooliques, sont expédiés en Suisse et dans le nord de la France. Le département de l'Aude produit de 1,500,000 à 1,900,000 hectolitres de vins de bonne qualité, très-colorés et très-alcooliques; ils se conservent bien et acquièrent en vieillissant un certain bouquet. Le commerce de Bordeaux en tire une grande quantité pour l'exportation, le reste s'expédie dans le nord de la France, où il est très-estimé. Le département des Bouches-du-Rhône produit de 4 à 600,000 hectolitres de vins d'assez bonne qualité, corsés et alcooliques; une certaine partie est exportée par le commerce de Marseille, le reste sert à la consommation du département. Les Alpes-Maritimes ne produisent que 50 à 60,000 hectolitres de vins assez corsés, consommés dans le pays. Le département du Var produit de 700,000 à 1,100,000 hectolitres de vins très-corsés et alcooliques. Une partie est exportée par les villes de Marseille et Toulon, le commerce du nord de la France en tire beaucoup. Le département de l'Isère produit de 3 à 500,000 hectolitres de vins ordinaires qui se consomment dans le pays. Le département de Vaucluse produit de 4 à 500,000 hectolitres de vins. Les Châteauneuf particulièrement sont excellents; ils ont du bouquet et sont très-alcooliques; les vins ordinaires ont peu de couleur, mais se distinguent par un très-bon goût; ils sont assez alcooliques. Le département de la Drôme produit de 3 à 400,000 hectolitres de vins. Ceux du coteau de l'Ermitage sont d'une qualité remarquable; ils peuvent être classés parmi les meilleurs vins de France. Les vins ordinaires sont d'assez bonne qualité. Le département du Tarn produit de 5 à 800,000 hectolitres de vins, ils ont une belle couleur; le commerce de Bordeaux et celui du nord de la France enploient beaucoup de ces vins. Le département des Basses-Pyrénées produit seulement de 70 à 150,000 hectolitres de vins corsés et alcooliques qui servent à la consommation locale; dans les années de grande récolte on en expédie dans le nord de la France. Le département des Pyrénées-Orientales est celui du midi de la France qui produit les vins les plus remarquables; ils sont très-corsés et alcooliques, et ont un goût de cuit; le commerce les emploie pour remonter les petits vins du Centre, en général très-verts et très-peu alcooliques; la production de ce département varie entre 4 à 600,000 hectolitres.

Cinq autres départements dont la production se consomme sur place doivent être classés dans cette section, ce sont : les Basses-Alpes, dont la production est de 60 à 80,000 hectolitres, vins communs sans caractère; les Hautes-Alpes, dont la production est de 100 à 200,000 hectolitres, vins analogues; l'Ariége, dont la production est de 60 à 120,000 hectolitres, vins de même nature; l'Aveyron, qui produit de 3 à 400,000 hectolitres de vins très-ordinaires; les Hautes-Pyrénées, dont la production varie de 100 à 250,000 hectolitres de vins ordinaires, corsés et alcooliques; la Corse et l'Algérie doivent aussi être comprises dans cette section; l'île de Corse, qui forme le département du même nom, produit beaucoup de vins; les renseignements nous manquent sur le chiffre exact de cette production. En général, la culture se fait avec peu de soins. Les vins sont transportés dans des peaux de boucs, ce qui leur donne le goût détestable qui leur reste; ils ne sont l'objet d'aucun soin. Quelques échantillons, spécialement soignés, sont des vins très-corsés, moelleux et alcooliques; ils nous ont donné une idée du parti que pourrait tirer ce département de sa production vinicole, s'il voulait s'en donner la peine.

La production de l'Algérie a atteint 80,000 hectolitres. La vigne prospère dans toute l'étendue de cette colonie, on la trouve sur le littoral, et sa culture atteint les oasis du Sahara.

Avant la conquête, l'usage du vin étant interdit par le Coran, les musulmans ne fabriquaient pas de vin; les raisins de treille qu'ils produisaient étaient d'ailleurs impropres à cette fabrication. Les plantations de vigne embrassent maintenant de 11 à 12,000 hectares, sur lesquels 3,000 environ appartiennent à des cultivateurs indigènes dont la récolte est consommée en grappe. Il reste donc aux Européens 8,000 hectares pour produire les 80,000 hectolitres de vin. Dès le début de la colonisation, les cultivateurs, pour la plupart étrangers à ce genre de production, marchaient en tâtonnant, aussi produisaient-ils du mauvais vin; mais, depuis quelque temps, des progrès assez sensibles se sont accomplis, les plantations, les procédés de culture et la fabrication se sont bien améliorés. Le moment semble donc arrivé où les vins de l'Algérie, qui sont analogues à ceux de l'Espagne méridionale, vins de dessert et de liqueur, vont prendre rang dans la production. Les nombreux échantillons exposés ont pu rivaliser avantageusement avec ceux de l'Espagne, et si les viticulteurs de notre intéressante colonie continuent à marcher dans la voie du progrès, le moment n'est pas éloigné où la France et les nations étrangères enverront leurs navires pour ramener de pleins chargements de vins en échange de leur or qui donnera aux colons la prospérité en même temps que le moyen d'étendre et de perfectionner encore la culture de la vigne.

SECTION IV

EAUX-DE-VIE ET ALCOOLS, BOISSONS SPIRITUEUSES : GENIÈVRE, RHUM, TAFIA, KIRSCH, ETC.

PAR M. GUSTAVE CLAUDON, NÉGOCIANT.

CHAPITRE I

PRODUCTION DE LA FRANCE.

§ 1. — Eaux-de-vie.

Depuis l'Exposition de 1855, les vignobles produisant les eaux-de-vie dites génériquement de Cognac, et qui comprennent celles des départements de la Charente et de la Charente-Inférieure, ont subi les mêmes vicissitudes que tous les autres vignobles de la France. Ce n'est que depuis quelques années que des récoltes abondantes sont revenues rémunérer les labeurs des viticulteurs. De nombreux échantillons d'eaux-de-vie de Cognac ont été soumis aux experts, et nous avons pu constater que si la France est placée au premier rang pour l'excellence de ses vins de table, elle peut toujours avec un légitime orgueil revendiquer le même honneur pour ses eaux-de-vie. L'Exposition universelle de 1867 a consacré, une fois de plus, cette supériorité.

Beaucoup de pays, en effet, fournissent des eaux-de-vie de

toute nature; aucun n'a encore produit un spécimen qui pût être comparé aux eaux-de-vie de Cognac. Les départements de la Charente et de la Charente-Inférieure possèdent donc une production unique dans le monde. La science est étrangère à la fabrication des eaux-de-vie de Cognac; leur qualité est un don du sol. Produit d'un vin blanc infime, même dans les meilleures années, et récolté sur un sol calcaire, sec et brûlant, l'eau-de-vie de Cognac s'est refusée à toutes les améliorations qu'on a cherché à introduire dans sa fabrication au point de vue économique; elles ont toutes été tentées au détriment de la qualité, et successivement abandonnées pour revenir à la vieille cornue, c'est-à-dire à la distillation simple à deux degrés, qui laisse au produit toute son huile essentielle et avec elle toute sa suavité (1).

Comme pour les vins, les qualités varient suivant la nature du sol; il résulte d'observations géologiques que partout où l'on a constaté la présence du silex sous la couche calcaire, la qualité diminue sensiblement. La nature du logement des eaux-de-vie de Cognac n'est pas étrangère à leur amélioration : ce logement est confectionné avec du chêne du Limousin. Chacun en admire l'élégance, mais tout le monde ne sait pas que le tannin, évidemment d'une nature spéciale, que ce chêne contient, combiné lentement avec le liquide, en augmente considérablement la saveur. C'est également à ce mélange qu'est due cette couleur dorée qui se produit par l'action des années, et qu'on remplace par le caramel pour les eaux-de-vie plus nouvelles.

La classification des eaux-de-vie des deux départements se fait par zones. En tête, il faut placer la *Grande Champagne*, qui comprend la portion du canton de Cognac située sur la gauche de la Charente, tout le canton du Ségonzac, bordé à

(1) Les appareils à feu nu, avec chauffe-vin, produisent des eaux-de-vie à bas degré qu'on est obligé de repasser. C'est cette seconde opération qui en élève le titre alcoolique jusqu'au degré marchand, qui varie de 60 à 65 degrés centésimaux et en fixe le goût exquis.

l'ouest par la petite rivière le Né et à l'est par le canton de Châteauneuf. La *Petite Champagne*, qui a pour limite au nord la Charente, s'étend pour ainsi dire en fer à cheval de l'est à l'ouest autour de la Grande Champagne. Elle comprend une portion du canton de Châteauneuf, celui de Barbezieux et Jonzac, tout le canton d'Archiac et une partie de celui de Pons. Les *Premiers Bois*, à leur tour, rayonnent autour de la Petite Champagne, et les *Seconds Bois* autour des Premiers Bois. En un mot, au fur et à mesure que le rayon s'étend la qualité va en diminuant, et, dans cette échelle de décroissance, vous trouvez successivement Saint-Jean-d'Angély, Surgères, Aigrefeuille, la Rochelle, et enfin comme dernier échelon, les îles de Ré et d'Oléron.

Nous pensons que pour l'intelligence du consommateur, qui est volontiers disposé à reporter la qualification de *fine Champagne* au département de la Marne, il n'est pas hors de propos d'expliquer comment se sont établies les dénominations de *Grande* et *Petite Champagne*, *Premiers Bois* et *Seconds Bois*. Nous venons d'indiquer les zones de ces différents crus. Dans le principe, la culture de la vigne produisant les eaux-de-vie de Cognac ne s'étendait pas au delà des coteaux entourant la ville même de Cognac. L'excellence de ce produit ne tarda pas à se révéler aux consommateurs de la localité, et à devenir bientôt un élément de commerce d'une certaine importance pour l'intérieur de la France. Des négociants intelligents, pressentant l'avenir qui était réservé aux eaux-de-vie de Cognac, fondèrent dans cette ville des maisons de commerce qui, modestes au début, prirent avec le temps des proportions considérables (1). La situation de Cognac au bord de la Charente, rivière navigable jusqu'à la mer, se prêtait à l'embar-

(1) On ne trouve pas de traces de fabrication d'eau-de-vie dans le Cognaçais avant 1610. Ce ne fut que vers 1640 que l'on commença à vendre ces produits en France, et l'exportation ne prend date que de 1680 à 1690. Le commerce des eaux-de-vie de Cognac ne remonte donc pas au delà de deux siècles, et il ne s'est généralisé qu'à dater de 1780 à 1785.

quement pour tous les ports français et pour l'exportation à une époque où il existait à peine quelques chemins viables dans ce pays.

L'essor imprimé à ce commerce naissant enhardit le cultivateur. La culture de la vigne ne se borna plus aux terres labourables; on défricha les bois dont l'ancienne province de l'Angoumois était couverte alors; mais, comme nous l'avons indiqué, en étendant le rayon de la culture de la vigne, la qualité du produit baissait dans la même proportion. Il devenait donc nécessaire de donner à ces nouveaux produits un nom distinctif tiré de leur origine même; de là, la dénomination d'*eaux-de-vie des Bois*, qui furent classées, au fur et à mesure des défrichements et de la plantation des vignes, en deux catégories et suivant les zones et qualités, en Premiers et Seconds Bois. En raison même de ces dénominations subalternes, il devenait indispensable de désigner les eaux-de-vie auxquelles Cognac devait sa renommée toujours croissante, par une qualification aristocratique qui les distinguât bien de leurs puînées : on les nomma *eaux-de-vie de Grande et Petite Champagne*, qualification qu'elles ont portée, avec leur réputation justement méritée, sur les principaux marchés du globe.

Voici, d'après le relevé des contributions indirectes, la progression dans la production des deux départements depuis 1855, époque de la dernière Exposition française. Les chiffres de ce relevé constatent une extension constante de la viticulture dans ce pays, en dépit des mauvaises récoltes périodiques. Pas une parcelle de terre où la pioche puisse pénétrer ne reste plus en friche, et là où, il y a quelques années, on ne voyait que des pierres et quelques maigres plantes parasites, on est tout étonné de trouver des vignes jeunes et vigoureuses, qui témoignent de la persévérance et de l'ardeur infatigable de l'habitant de ce pays. La régie, procédant toujours par une réduction en alcool pur de tous les produits distillés, nous avons ramené ses chiffres au degré de la distillation, c'est-à-dire à 65 degrés, afin de faire mieux apprécier les quantités réelles et marchandes produites dans les deux départements depuis l'année 1855.

	CHARENTE.		CHARENTE-INFÉRIEURE.	
	—		—	
1855	23,088 hectolitres.		31,497 hectolitres.	
	65 degrés.		65 degrés.	
1856	44,603	—	51,689	—
1857	57,111	—	59,281	—
1858	107,395	—	170,634	—
1859	149,551	—	115,809	—
1860	85,985	—	82,415	—
1861	150,389	—	63,851	—
1862	18,103	—	51,692	—
1863	85,597	—	129,461	—
1864	104,911	—	231,495	—
1865	241,823	—	385,349	—
1866	204,319	—	331,321	—

Tous les marchés du globe sont devenus successivement tributaires de ce produit privilégié. Qu'on jette en effet les yeux sur les tableaux de nos exportations, nous y verrons figurer, à côté de l'Angleterre, qui, après la place de Cognac, est le plus grand marché de nos eaux-de-vie, tous les États d'Europe, les États-Unis, le Canada, le New-Brunswick, la Nouvelle-Écosse, la Californie, l'Inde, l'Océanie, les Antilles anglaises, Saint-Thomas, la Havane, la Plata, Montevideo, etc., tous les pays, en un mot, où un Européen peut porter son industrie en même temps que ses besoins de bien-être. M. Barral, notre associé et délégué de notre classe, nous a fait remarquer des produits œnanthiques (essences de Cognac), préparés et obtenus par M. Dedé, ex-pharmacien des armées, négociant à Cognac; ce produit nous a paru d'une pureté et d'une perfection extraordinaires.

Armagnac. — A côté des eaux-de-vie de Cognac, c'est-à-dire des deux Charentes, viennent se grouper les eaux-de-vie de l'Armagnac, qui comprennent les produits de trois départements, savoir : les Landes, le Gers et le Lot-et-Garonne. Ces eaux-de-vie, quoique différentes par le goût des eaux-de-vie de Cognac, sont très-prisées dans nos départements de l'Ouest, où elles trouvent un écoulement facile. Elles servent également à l'exportation, sur les places de Bordeaux, Nantes et le Havre, qui expédient beaucoup d'eaux-de-vie ordinaires en caisse, pour les contrées les plus lointaines. La fabrication de l'eau-de-vie d'Armagnac ne diffère guère de celle de Cognac, si ce n'est qu'elle ne produit que des eaux-de-vie à 52 degrés, ce qui leur fait acquérir, en peu d'années, une maturité précoce et un goût de rancio fort recherché par les amateurs.

Les Armagnac se classent en trois catégories et suivant leur mérite. En première ligne, il faut placer le bas Armagnac, puis les Tenarèze, puis le haut Armagnac. Ces trois crus se vendent généralement à un écart de 10 francs par hectolitre entre eux. Depuis la dernière Exposition, les trois départements formant l'Armagnac, ont produit à 52 degrés :

	LANDES.	GERS.	LOT-ET-GARONNE.
	—	—	—
1855. . . .	17 hectolitres.	42,983 hectolitres.	463 hectolitres.
1856. . . .		46,409 —	163 —
1857. . . .		336,883 —	408 —
1858. . . .	1,719 —	345,525 —	463 —
1859. . . .		42,125 —	98 —
1860. . . .	1,994 —	27,571 —	119 —
1861. . . .	8,702 —	59,548 —	675 —
1862. . . .	5,569 —	99,387 —	1,613 —
1863. . . .	5,794 —	93,504 —	5,659 —
1864. . . .	6,850 —	87,165 —	8,269 —
1865. . . .	11,985 —	104,246 —	8,979 —
1866. . . .	416 —	57,969 —	56,513 —

L'inégalité dans la production des eaux-de-vie qui résulte des chiffres du tableau ci-dessus, ne peut pas être invariablement attribuée au plus ou moins de richesse des récoltes. Les vins de ce pays sont d'une qualité qui ne les voue pas fatalement à la chaudière comme ceux de Cognac. Ils sont d'une puissante ressource pour le centre de la France dans les années de disette de cette région, et ils échappent alors aux flammes, au grand avantage du producteur.

La tonnellerie a fait de grands progrès dans l'Armagnac. Il y a dix ans à peine, le vigneron fabriquait encore ses fûts pendant l'hiver; cette fabrication était informe; aujourd'hui l'exemple des Charentes a gagné ce pays, des ateliers se sont montés, et nul doute que, l'émulation s'en mêlant, on n'arrive à un conditionnement qui encouragera l'exportation et contribuera considérablement à l'écoulement avantageux de ces produits.

§ 2. — Alcools.

Le lecteur a dû voir, dans l'article sur les vins, quelles profondes modifications l'invasion de l'oïdium et les mauvaises récoltes successives du centre sont venues apporter, vers 1850, dans la production des trois départements du Midi, l'Aude, l'Hérault, et le Gard. Une révolution économique devait suivre naturellement cette fatale invasion. Jusque-là ces trois départements avaient été les pourvoyeurs, pour ainsi dire exclusifs, de toute la France, pour les alcools. A peine le Nord produisait-il, à cette époque, 15,000 pipes, soit 95,000 hectolitres d'alcool résultant de la distillation des mélasses de betteraves; ces alcools d'un goût inférieur, relativement à la fabrication actuelle, se faisaient difficilement accepter par le consommateur. La consommation totale du pays avait été, jusqu'alors, de 80,000 pipes, soit au minimum, de 500,000 hectolitres.

Un problème qui semblait presque insoluble se présentait alors aux esprits les moins inquiets. Comment désormais pourvoir à cet énorme besoin, en face d'un fléau qui ravageait tout le Midi, réduisait sa récolte des deux tiers et menaçait les récoltes en vins de la France entière, déjà considérablement diminuées par les gelées persistantes et la coulure. Au Nord seul on pouvait demander ce que le Midi semblait, à l'avenir, impuissant à fournir au pays. On se souvient de la perturbation que cet état de choses était venu jeter dans le commerce des vins et des spiritueux, et de la hausse toujours croissante de ces produits. Le gouvernement, pour suppléer (en attendant qu'on avisât) au déficit de la récolte, avait dû ouvrir les portes à l'étranger, par l'abaissement à 15 francs du droit de 222 fr. 50 c. qu'on payait par hectolitre.

Dans les départements du Nord, contrée dans laquelle s'était exclusivement concentrée la culture de la betterave pour la fabrication des sucres, et dont les terres étaient seules préparées à cette culture, les champs se couvrirent de cette plante. Des usines s'élevèrent rapidement sur tous les points, avec les imperfections inhérentes à tout ce qui est improvisé. Il ne s'agissait plus de la distillation des mélasses, fabrication connue, mais limitée par celle du sucre, il fallait s'en prendre à la racine elle-même, trouver des moyens de fermentation et de désinfection, qui permissent d'en tirer un produit potable.

C'est ici le cas de rappeler les services éminents rendus alors au pays par M. Dubrunfaut, industriel et chimiste distingué, dont la vie et la fortune avaient été consacrées à l'étude de cette question intéressante. Une grande industrie venait de naître de la nécessité. Elle portait en elle le salut de notre commerce de spiritueux, la réforme de la viticulture dans le Midi, l'avenir de notre agriculture, et, par conséquent, la source la plus certaine de l'une des richesses de la France. Mais cette industrie nouvelle avait besoin d'être habilement dirigée pour passer de la théorie dans la pratique, et pour que le pays fut ainsi délivré de sa pénurie extrême ou du monopole de l'étranger. Le temps pressait; M. Dubrunfaut se multiplia, et, dans une seule campagne, sous son impulsion, la France put montrer toute la richesse de ses ressources et son esprit de progrès. M. Dubrunfaut, à juste titre, doit donc être considéré comme la personnification du progrès dans cette grande industrie, que l'année 1855, époque de la dernière grande Exposition française, trouva debout et déjà florissante. Des émules,

M. Champonnois, entre autres, l'ont suivi dans cette voie et y ont apporté le contingent de leurs études et de leur travail, mais à lui seul appartient la gloire d'une initiative qui, dans peu d'années, aura tant ajouté à la richesse agricole de la France.

Déjà nous pouvons constater, par des renseignements puisés à bonne source, que trente-cinq départements sont entrés, à des degrés différents, dans ce mouvement qui, par l'exemple de ses résultats, finira par vaincre la routine et entraînera la France entière.

Voici les noms de ces départements *pour la distillation des substances farineuses :* Ardennes, Bouches-du-Rhône, Doubs, Indre-et-Loire, Meurthe, Meuse, Moselle, Nord, Oise, Pas-de-Calais, Bas-Rhin, Savoie, Seine-Inférieure, Seine-et-Oise, Deux-Sèvres, Somme, Vosges; et, *pour la distillation des betteraves et des mélasses :* Aisne, Allier, Aube, Calvados, Charente, Charente-Inférieure, Cher, Côte-d'Or, Eure, Eure-et-Loir, Ille-et-Vilaine, Indre, Indre-et-Loire, Loir-et-Cher, Meurthe, Meuse, Moselle, Nièvre, Nord, Oise, Orne, Pas-de-Calais, Puy-de-Dôme, Seine-Inférieure, Seine-et-Marne, Seine-et-Oise, Deux-Sèvres, Somme, Yonne.

Désormais, le Midi, déshérité de sa grande production d'alcools, se trouve forcé de donner à sa vinification et au choix de ses cépages un soin plus en rapport avec la fourniture intérieure et extérieure des vins de table, rôle que lui assignent les traités de commerce, dus à la courageuse et intelligente initiative de M. Michel Chevalier.

Ce n'est pas à dire pour cela qu'on ne doive plus distiller dans le Midi. Les grandes récoltes, malgré la puissante organisation de la propriété dans ce pays et ses immenses chais, produisent périodiquement un trop plein, que, à défaut de logement, il faut faire passer par la chaudière. Il en est de même, dans les années ordinaires, des vins infimes et récoltés dans de mauvaises conditions. Nous n'en voulons pour preuve que les nombreux échantillons d'alcools de cette contrée, qui ont été soumis au jury et qui justifient, par les récompenses dont ils ont été l'objet, des soins constants que les brûleurs et les propriétaires portent à cette opération; mais quoi qu'il en soit, les alcools du Midi ne seront plus dans l'avenir qu'un faible appoint de l'approvisionnement général du pays.

Le Nord ayant conquis sur le Midi le sceptre de la production des alcools, sinon pour la qualité du moins pour la quantité, nous allons examiner s'il est resté fidèle à la loi du progrès que lui imposait sa nouvelle situation. Nous avons dit plus haut que le premier outillage des usines fondées avec précipitation laissait beaucoup à désirer. A cette époque, la France appauvrie cherchait ses approvisionnements d'alcools sur les marchés anglais et prussien. Les alcools anglais, ayant pour base le grain fermenté par le malt, avaient une remarquable supériorité sur les nôtres. Les alcools prussiens, au contraire, fabriqués avec de la pomme de terre, malgré l'excellence de cette matière première et l'expérience que devaient avoir les fabricants, étaient inférieurs à ceux de la France. De cette lutte entre les trois pays sur notre marché, est sortie une émulation dont le résultat fut qu'en peu d'années nos produits rivalisèrent avec ceux de l'Angleterre et les ont finalement surpassés. Nous n'oserions pas affirmer au même degré notre supériorité sur les alcools prussiens.

CLASSE 86

ARBRES FRUITIERS ET FRUITS.

LA VITICULTURE ET SES PRODUITS (1)

PAR M. LE DOCTEUR JULES GUYOT.

CHAPITRE I.

ADMISSION DE LA VITICULTURE A L'EXPOSITION UNIVERSELLE DE 1867.

En ouvrant largement ses portes aux produits fermentés, distillés et acétifiés de la vigne, l'Exposition universelle de 1867 n'a fait que consacrer les précédents de toutes les Expositions antérieures; mais en admettant, pour la première fois, la vigne à vin elle-même, représentée dans ses cultures, dans ses conduites, dans ses tailles, par les ceps vivants et morts envoyés de tous les pays, la Commission impériale a ouvert une voie nouvelle et féconde qui conduira vers la perfection, par un progrès rapide et sûr, une des branches les plus importantes et les plns riches de l'agriculture. Malgré l'appel tardif adressé aux viticulteurs, malgré les difficultés presque insurmontables de la transplantation et de la reprise de la vigne, un concours de viticulture des plus instructifs et des plus importants s'est établi dans l'île de Billancourt.

Certes, si l'on s'arrête au premier aspect, si l'on ne se reporte par la pensée aux vignobles représentés, les spécimens

(1) M. Charles Baltet, délégué, a organisé l'exposition de la viticulture à Billancourt avec une rare intelligence de la spécialité et avec un ordre et une précision admirables.

sans végétation ou à végétation avortée par l'effet des transplantations, des transports et sous l'influence d'un sol, d'un site et d'un climat défavorables, ces spécimens paraîtront faibles et sans signification; mais, pour peu que les observateurs soient versés dans les notions générales de la viticulture, ils y trouveront des enseignements précieux, que le seul rapprochement des diverses méthodes de viticulture peut donner.

Les spécimens de viticulture exposés à Billancourt compren nent trente-sept lots en tout: neuf sont exposés par des sociétés viticoles, agricoles et comices de France, représentant environ 2,600 associés; un lot est exposé par la Société d'horticulture de Trèves, reproduisant les modes de culture traditionnels de la Moselle et de la Sarre, dans la Prusse rhénane; vingt-six appartiennent à des propriétaires français et un seul à un viticulteur de Perl, en Prusse. Ce dernier spécimen offre une culture originale et nouvelle. Quant aux trente-cinq lots français, ils reproduisent, soit par des ceps en végétation, soit par des souches sèches, l'aspect de cultures traditionnelles importantes de vingt départements et quinze spécimens de cultures nouvelles plus ou moins progressives. Chaque lot répond à des cultures considérables, bien connues, bien étudiées; et la plupart sont appuyés de notes et de mémoires qui permettent de les comprendre et de les apprécier à leur juste valeur.

Le groupe IX a évoqué la question de la viticulture; et c'est avec raison qu'il a chargé sa classe 86 de la traiter avec celle de la culture des autres arbres fruitiers. Jusqu'ici la viticulture n'avait été adoptée par aucune classe de notre cycle agricole; elle n'était attachée à aucun enseignement officiel, elle ne figurait dans aucune académie agricole, elle n'avait de place dans aucune exposition, elle ne trouvait de programme ouvert dans aucun concours.

L'horticulture, se contentant de cultiver les raisins de table, repoussait la vigne à vin comme appartenant essentiellement, par son étendue, sa richesse, ses produits et ses populations propres, aux grandes cultures. En effet, le vin semblait devoir trouver sa place naturelle à côté du pain et de la viande. Mais, d'un autre côté, la production du pain et de la viande, qui, à tort ou à raison, s'appelle la grande culture, rejetait absolument la viticulture, parce que sa science, son art et ses pratiques s'appliquent à une solidarité, à un roulement à établir entre les céréales, les fourrages, les racines et le bétail, roulement où la vigne ne saurait entrer; tandis que la fabrication de la bière, celle des esprits de grains et de racines, s'y associant assez bien, sont venues, par antagonisme, ajouter quelques degrés de plus à la répulsion inspirée par la vigne à la grande culture.

Sans s'arrêter à ces discussions, le groupe IX, considérant que la vigne à vin, par ses semis, ses boutures, ses dressages, ses tailles en sec et en vert, ses palissages, ses marcottages ou provignages, ses similitudes de treilles, de contre-espaliers, de cordons, de ceps, avec la vigne à raisin de table, ressortissait absolument à la science, à l'art et aux pratiques de toute l'arboriculture fruitière, l'a classée dans cette branche de l'horticulture et lui a ainsi assigné sa véritable place. En acceptant ce classement, la viticulture est loin de déchoir : elle s'élève au contraire; car l'horticulture, qui n'est pas encore appréciée à sa juste valeur, est l'expression la plus élevée et le résumé de toutes les branches de l'agriculture : elle en est le laboratoire, la chaire d'enseignement supérieur, l'alpha et l'oméga.

En effet, la dernière fin de l'agriculture, son but suprême est *d'assurer le plus grand nombre d'existences aisées sur le moindre espace de terrain possible;* en d'autres termes, de réaliser le plus de produits utiles sur le moindre espace de sol. Posons les chiffres, et nous verrons que ce qu'on appelle la grande culture est placé bien au-dessous de l'horticulture pour la science, l'art, les pratiques et les résultats, aussi bien que pour la densité de sa population.

D'ailleurs, tous les faits de viticulture, observés et constatés dans ces derniers temps, prouvent, jusqu'à la dernière évidence, que la vigne a puisé ses plus grandes améliorations dans les principes de l'horticulture; et tout semble démontrer, jusqu'ici, qu'elle y trouvera ses derniers perfectionnements.

Ce n'était point assez de mettre la vigne à sa vraie place, il fallait encore lui donner un programme qui lui permît de préciser ses divers modes de conduite et les faire ainsi participer à l'émulation, aux encouragements et aux récompenses des expositions et des concours. Le groupe IX a donc complété son œuvre en établissant d'abord deux grandes divisions entre les cultures *traditionnelles* et les cultures *nouvelles;* puis, en distinguant, sous chacun de ces titres, les *vignes en ligne* et les *vignes sans alignements;* puis, en opposant les cultures en *treilles*, ou à grande arborescence, aux cultures en *ceps*, ou à l'état nain; et, enfin, en considérant chacune de ces subdivisions à part, suivant que la vigne y est traitée *à taille courte*, *à taille longue* ou *à taille mixte;* il a embrassé ainsi, par onze concours, toutes les méthodes possibles de viticulture dans leurs pratiques dominant la production vinaire, toutes conditions égales d'ailleurs de sol, de site, de climat et de cépage. Un deuxième concours pour les semis, boutures, marcottes et greffes, et deux concours pour les fruits sur tige et pour les fruits coupés, ont complété le programme, dont la publication a été accueillie avec satisfaction par le monde vinicole. Le texte de ce programme, les prix décernés en conformité, et les noms des lauréats qui les ont obtenus ont paru au *Moniteur* : nous n'avons point à les reproduire ici.

CHAPITRE II.

SITUATION ET ROLE DE LA VITICULTURE. — CONSIDÉRATIONS GÉNÉRALES.

La vigne occupe, parmi les diverses cultures de l'Europe, environ 4 millions d'hectares; et si l'on ne considère que *la vigne cultivée pour faire le vin*, l'Asie, l'Afrique, l'Amérique et l'Océanie réunies ne peuvent élever à 5 millions d'hectares la superficie des vignes exploitées dans le monde entier. De ce total, la France possède presque la moitié ; après elle, peuvent être rangées l'Espagne, l'Italie, l'Autriche, les États allemands, la Grèce, la Turquie et la Russie, par ordre de décroissance. Les données précises font défaut pour classer les rapports d'étendue dans les autres parties du globe.

La viticulture et ses produits fermentés ont joué, depuis les temps historiques les plus reculés, un rôle immense dans l'alimentation et dans la civilisation humaines ; et tout porte à penser que ce rôle est destiné à prendre, dans ce double sens, une extension indéfinie. Partout où la vigne à vin fait partie régulière des cultures et participe à l'alimentation locale, elle entretient des populations condensées, intelligentes, actives, expansives et énergiques ; partout elle amène le bien-être, l'aisance et même la richesse.

L'Asie, l'Europe méridionale, une partie de l'Afrique, ont tiré jadis les plus grands bienfaits de la culture de la vigne et de l'usage des vins. C'est aujourd'hui l'Europe qui sait le plus et le mieux en profiter ; mais l'Amérique et l'Océanie comprennent déjà tous les avantages de la viticulture ; et bientôt, peut-être, laissant de côté les tristes proscriptions de l'islamisme, les Asiatiques et les Africains meubleront-ils leurs vastes solitudes de riches vignobles, et, par l'usage de leurs produits fermentés, secoueront-ils leur indolence et feront-ils disparaître leur mortel fanatisme. Mais c'est seulement en étudiant la vigne en France et en Allemagne que l'influence de cette précieuse culture et l'importance de ses progrès actuels et futurs peuvent être bien comprises ; il est à regretter que les États allemands, où la viticulture est enseignée et pratiquée avec une intelligence et un succès dignes d'attention, n'aient envoyé à l'Exposition qu'un spécimen de culture *nouvelle* et un autre spécimen de culture *traditionnelle* locale ; car les méthodes allemandes sont des plus conformes à la science et des plus favorables au progrès viticole et à la production des bons vins; mais deux documents ne peuvent servir à des déductions sérieuses. La viticulture française étant donc à peu près la seule représentée à l'Exposition Universelle de 1867, c'est sur elle seule que nos considérations devront porter.

La vigne occupe, en France, environ 2,500,000 hectares, la seizième partie de notre sol cultivé. Son produit brut s'élève à 1 milliard 500 millions de francs; elle entretient 6 millions de cultivateurs et près de 2 millions de fournisseurs, industriels, transporteurs et commerçants, représentant ensemble la production et la consommation de 2 milliards. La vigne est cultivée dans 79 départements. Dans quelques-uns, comme la Gironde, l'Hérault, les Charentes, elle occupe de 100 à 150,000 hectares; dans la plupart des départements, ses produits sont de beaucoup plus élevés que ceux des autres cultures; partout elle augmente, dans une proportion extraordinaire, le capital et les revenus des propriétés grandes ou petites, exploitées directement, ou bien à métayage, ou bien à fermage.

La culture de la vigne, devenue compliquée, difficile, onéreuse, impossible même par son abandon à l'ignorance, à la routine et souvent à l'intérêt et au mauvais vouloir de son ouvrier manuel, devient en réalité des plus simples, des plus faciles et des plus rémunératrices, pour peu qu'on l'ait étudiée. La vigne s'accommode de toutes les formations géologiques; elle prospère dans les terrains les plus arides et les moins propres aux céréales, aux fourrages et aux racines; elle est donc le complément de toute bonne agriculture, tandis qu'elle en est le commanditaire par l'argent qu'elle produit et la ressource par les bras et les bouches qu'elle entretient.

En France, le vin est la boisson la plus précieuse et la plus énergique des populations rurales; son usage épargne la moitié du pain : « Une pièce de vin vaut un sac de farine, » dit le vigneron français. Mais, plus que le pain, le vin stimule le corps, il échauffe le cœur, développe les idées et l'esprit de sociabilité, et donne l'activité, le courage, le contentement dans le travail. Aucune autre boisson ne peut le remplacer : aussi constituera-t-il bientôt la boisson alimentaire des repas de la famille, partout où la civilisation étendra ses bienfaits. La consommation normale du vin alimentaire, pour donner aux sociétés humaines toute leur force et toute leur activité de corps et d'esprit, doit être au moins égale à celle du pain ; c'est-à-dire que la France, avec sa population actuelle, devrait consommer plus de 100 millions d'hectolitres de vin et l'Europe plus de 500 millions : aussi la viticulture est-elle loin d'avoir atteint ses limites, puisqu'elle ne produit pas 120 millions d'hectolitres en Europe et pas 150 millions sur la terre entière.

Malheureusement, la viticulture est en proie à l'anarchie culturale la plus complète : un nombre infini de pratiques, les plus étranges et les plus opposées, qui semblent se contredire et s'exclure, sont appliquées à la vigne, sans aucun principe, sans aucune règle, sans aucune lumière qui permette de les apprécier, de les comparer, de les relier ensemble. Chaque province, chaque département, chaque canton vignoble est convaincu que sa viticulture traditionnelle est la meilleure ; qu'elle constitue le dernier mot de l'art et de la science viticoles, et chaque vigneron ou propriétaire de vignes est persuadé qu'on ne saurait cultiver la vigne et faire le vin autrement et mieux que lui.

Le moment était donc venu de mettre en présence toutes ces pratiques diverses et de les éclairer l'une par l'autre en les soumettant au grand jour et à l'émulation des expositions et des concours. Cette initiative sera une des gloires de l'Exposition Universelle de 1867.

CHAPITRE III.

AMÉLIORATIONS ET PROGRÈS.

Énumérons rapidement les phases principales de la viticulture et de la vinification, et signalons sommairement les solutions progressives qu'elles comportent et qui semblent le mieux établies par l'observation, l'expérience et la comparaison.

Préparation du sol. — Autrefois, la vigne était généralement plantée sans défoncement du sol : aujourd'hui la tendance est à défoncer partout, et déjà l'on reconnaît le mauvais effet des défoncements dans certaines conditions de la terre. Il semble en effet démontré qu'on doit s'abstenir de défoncer les sols légers, perméables, caillouteux, sur galets et sur roches fendillées, surtout en terre vierge de viticulture ; tandis qu'on doit défoncer les terres fortes, imperméables, argileuses, granitiques, se désagrégeant à l'air, et surtout les terrains précédemment occupés par les vignes ou les bois. L'assainissement des sols humides et l'abaissement du niveau des eaux, par drainages ou par fossés profonds, est indispensable dans certains lieux comme les Landes, la Sologne, la Double, la Brenne, etc. Dans les pays brumeux, les fossés profonds et évasés assainissent l'atmosphère en même temps que le sol et valent mieux que le drainage. Partout où les charrues fouilleuses peuvent opérer, les défoncements se font et doivent se faire avec les animaux de trait.

Choix du plant, Plantation. — La recherche de cépages nouveaux par semis pour la vigne à vin n'offre aucun intérêt actuel ; tout l'intérêt, au contraire, se concentre sur le choix de cépages connus et éprouvés. Les sarments de ces cépages, employés comme semis de nœuds, comme boutures de pépinière ou de vigne, comme marcotte ou comme greffe, reproduisent exactement les qualités de leur souche mère : c'est donc par les sarments des ceps les plus fertiles, les plus propres au sol, au site, au climat et au vin qu'on veut obtenir, qu'on doit planter ses vignes.

Par marcottes ou par plants enracinés d'un an ou de deux ans, la reprise de la vigne est reconnue plus sûre et sa première pousse un peu plus forte que par bouture. Les semis de nœuds seraient bien moins coûteux, mais leur réussite est très-incertaine et leur végétation trop grêle et trop lente. La bouture, bien traitée et plantée en temps opportun, réussit aussi bien, coûte beaucoup moins et donne un meilleur cep que le plant enraciné ; la bouture résultant d'un simple sarment bien constitué semble reprendre d'autant mieux et végéter d'autant plus fort qu'elle est prise plus loin du vieux bois ; elle réussit mieux lorsqu'elle est plantée en pleine sève. L'enlèvement de l'épiderme des entre-nœuds souterrains de la bouture la fait reprendre plus sûrement et pousser plus vigoureusement la première année, mais il n'est pas certain que plus tard elle se comporte aussi bien que la bouture non écorcée.

Profondeur de la plantation. — Plus la bouture est plantée profondément sous terre, plus le cep qui en résulte est long à se mettre en fruit ; à 13 ou 20 centimètres de profondeur, la bouture peut donner fruit à la deuxième année : de 20 à 40, à la troisième ; de 40 à 60, à la quatrième, et de 60 à 80, à la cinquième seulement. Les preuves de cette corrélation graduée sont largement données par le Beaujolais, le Languedoc, la Bourgogne, le Jura, la Drôme, etc., mais elles sont aussi établies dans le même pays, dans le même terrain et pour le même cépage. La bouture, comme la graine, ne constitue ses bonnes racines et ses bonnes tiges que près de la surface du sol ; la bouture plantée superficiellement au plantoir, au moment de la végétation du printemps, tel est le sens du progrès qui se prononce en tout pays.

Dressement. — Dans un grand nombre de vignobles, les jeunes pousses sont abandonnées à elles-mêmes et ne sont pas taillées pendant un et deux ans; puis, à la troisième année la souche est rasée; dans d'autres vignobles, les premières tailles se font à un seul œil pendant trois et quatre ans, ce qui renvoie la première récolte à cinq ans; enfin, ailleurs, on ne plante que la moitié ou le tiers des ceps, la vigne ne devant être complétée que par les recouchages et les provignages. Ces trois méthodes embrassent ensemble les trois cinquièmes des vignobles de France et rejettent la première récolte à la sixième année en moyenne; tandis que la plantation directe et complète de tous les ceps de la vigne, leur dressement immédiat à la forme qu'on doit leur donner assurent cette même récolte à trois ans. Il y a donc un grand progrès à réaliser, en plantant à la fois tous les ceps d'une vigne et en les dressant par une taille préparatoire immédiate.

Étendue de la tige. — La force de végétation, la fécondité et la durée de la vigne augmentent-elles ou diminuent-elles en proportion de l'étendue de la tige qu'on lui laisse? En tous pays, sous tous les climats, plus on laisse la vigne s'approcher de son arborescence naturelle, qui dépasse celle des plus grands arbres, c'est-à-dire plus on laisse d'étendue à sa tige, plus elle vit longtemps, mieux elle végète, plus elle porte de fruits; les vignes sur arbres, les vignes en treilles, en treillons, en cordons, vivant à côté et au milieu des vignes en ceps, dans le midi, au centre et au nord de la France, sont là pour le prouver. Dans les vignes en ceps elles-mêmes, plus les ceps sont étendus, plus ils portent de fruits, plus ils donnent de bois, toutes choses égales d'ailleurs. Dans Maine-et-Loire, les Charentes, la Nièvre, Loir-et-Cher, Tarn-et-Garonne, le Lot, le Rhône, le Languedoc, un cep à un seul bras est misérable;

à deux, il est plus fort; à trois, il est prospère; à quatre, à cinq, à six bras, sa vigueur, sa fécondité, sa durée s'augmentent en proportion.

Dans la Moselle, à Rugy et à Argancy, la preuve est mathématique et séculaire : 40,000 ceps à un bras, dans un hectare donnant 40 hectolitres, commencent à être provignés à douze ans et sont arrachés à vingt-cinq ou trente ans; tandis que 5,000 ceps portant huit branches, chacune semblable à chacun des 40,000 petits ceps, donnent 80 hectolitres et vivent cent cinquante ans sans être provignés ni arrachés; ainsi l'association de huit ceps en un seul augmente la fécondité, la force et la durée de la vigne. Le progrès est donc dans l'extension des tiges de la vigne, tandis que l'opinion et la pratique des vignerons sont dirigées en sens contraire.

C'est dans le sens du progrès que M. J. Marcon, de la Mothe-Montravel, par son application en grand de la méthode de M. Cazenave et par son exposition de sa méthode à Billancourt, a mérité un premier prix que lui auraient disputé les treilles et treillons de l'Isère, les vignes en chaintres de Chissay, les souches de Rugy et d'Argancy, les hautains de Périguères et de Madiran, si ces procédés avaient été exposés.

M. le Dr Krantz inaugure aussi en Prusse un mode de viticulture à expansion indéfinie dont les effets seront très-intéressants à observer. L'extension des tiges correspond nécessairement à une extension pareille des racines et suppose une diminution proportionnée du nombre des ceps dans un même espace. La comparaison des différents vignobles de France semble établir que le nombre de bourgeons dont on peut charger la vigne doit varier de douze à vingt-quatre environ, par mètre carré, d'un sol médiocre au sol le plus favorable.

Longueur de la taille. — La question de l'étendue à donner à la tige n'est point la même que celle de la longueur à laisser à la taille. Un très-petit cep peut porter une longue taille;

une très-grande treille peut ne porter que des tailles très-courtes. C'est ainsi que les méthodes de Thomery, de Clerc, de Georges, sont à grandes tiges et à taille courte ; c'est ainsi que les méthodes du Médoc, des côtes du Rhône, du Puy-de-Dôme, de la Vienne, de l'île de Ré, de l'Alsace, de la Bavière, du Jura, de l'Aveyron, de la Lorraine pour ses pineaux, d'Orléans pour ses meuniers, de la Touraine pour ses cots, de Trèves pour ses *rislings*, sont à petites tiges et à taille longue.

Tous les cépages se trouvent bien d'une expansion proportionnée à l'énergie végétative du sol donnée à la tige ; mais tous les cépages ne se comportent pas également bien à l'extension de la taille. Les pineaux, les meuniers, la syra, le carbenet sauvignon, les cots, les *rislings* exigent la taille longue pour être très-fertiles, excepté dans leur extrême jeunesse, où la taille courte leur permet encore une certaine production, mais à la condition d'un rajeunissement opéré tous les dix à quinze ans par le provignage. C'est ce qui se fait dans la Côte-d'Or, où, malgré les provignages, la moyenne récolte des pineaux ou noiriens n'est que de 15 hectolitres par hectare. Dans cette situation, M. le comte de La Loyère, au château de Savigny, près Beaune, n'a pas hésité, depuis sept ans, à donner de longues tailles à ses pineaux, et il a ainsi élevé les moyennes récoltes au-dessus de 40 hectolitres à l'hectare.

De temps immémorial, la Lorraine donne à ses pineaux et à ses meuniers les longues tailles et tient ses moyennes récoltes à 40 hectolitres. M. Rollet, maire de Thiaucourt (Meurthe), a exposé à Billancourt un spécimen qui représente parfaitement la conduite de ses 30 hectares, en pineaux à longues tailles ; son spécimen, et surtout ses cultures, lui ont valu une récompense qui aurait été méritée par M. de La Loyère également, si sa qualité de membre associé du Jury ne l'eût mis hors concours.

Mais les tailles courtes, sur plusieurs bras, peuvent entretenir une fertilité suffisante et une durée assez longue, sans rajeunissement par le provignage, c'est-à-dire sur les ceps de franc pied dans certains cépages ; le Beaujolais, le Languedoc, le Quercy, les Charentes le démontrent suffisamment. Le spécimen de M. le Vte de Saint-Trivier lui a valu un premier prix dans ce sens ; celui de M. Maistre, et celui de M. Boinette, ont été récompensés pour la taille courte appliquée à plusieurs bras. Le progrès se dessine donc ici nettement ; il consiste dans l'extension de la tige soit par cordons, soit par bras multipliés, dans l'application de la taille courte aux cépages dont les yeux rapprochés de la tige sont très-fertiles, et dans l'application de la taille longue aux cépages dont les yeux ont d'autant plus de fertilité qu'ils sont plus loin de la souche. Cette distinction est parfaitement connue et établie dans certains vignobles.

Pare-à-gelée. — A côté de la taille, vient se placer un progrès réel ayant pour objet de diminuer les funestes effets des gelées de printemps. Il consiste à laisser à chaque souche, près de terre, en dehors de la taille ordinaire, un long sarment du plus petit diamètre et ayant le plus grand nombre d'yeux possible. S'il ne gèle pas, ce sarment doit être coupé ras la souche au 30 mai ; si la gelée a détruit la récolte sur les bourgeons de la taille, ce sarment sera relevé et attaché sur la souche, en arc ou en couronne, et fournira une bonne récolte. Ce procédé, pratiqué de temps immémorial sur les bords de l'Hérault, a été vulgarisé depuis 1861 et expérimenté avec succès par un grand nombre de viticulteurs. Lorsque la taille du pays est à très-long bois, ce sarment de précaution est inutile : la longue taille est moins frappée par les gelées que la courte taille.

Épamprages. — Les opérations sur les pampres de la vigne se sont perfectionnées et étendues dans ces six dernières années ; les ébourgeonnages, les rognages et les accolages et surtout les pincements des bourgeons à fruits, pratiqués avec une grande intelligence et un grand succès, de temps immémorial, dans certains vignobles, sont reconnus comme excellents et adoptés, même dans le Midi, par les hommes les plus autorisés et les plus habiles en viticulture : M. Portal de Moux, dans l'Aude ; M. Gaudais, dans les Alpes-Maritimes ; M. Fleury-Lacoste, dans la Savoie ; M. de La Loyère, dans la Côte-d'Or ; M. de Chassiron, dans la Charente-Inférieure.

Incision annulaire. — L'incision annulaire était appliquée aux vignes par M. Lambry dès 1776 ; elle a été élevée de son oubli ou de son discrédit en 1859 par M. Bourgeois, membre de la Société Impériale et Centrale d'agriculture de France ; réappliquée en grand, en 1862, par M. de Tarrieux, à Saint-Bonnet (Puy-de-Dôme) ; en 1864, par MM. Baltet frères, à Troyes. Elle était déjà considérée comme un progrès acquis ; mais, en 1867, M. de Tarrieux, qui en a continué l'application et qui l'a étendue à 5 hectares de son vignoble, vient d'achever, par son exposition à Billancourt et par l'envoi de branches à fruit incisées, de démontrer les bienfaits et l'importance de cette pratique. L'incision annulaire, pratiquée au moment de la floraison, empêche la coulure, fait grossir le raisin, avance sa maturité et donne de meilleur vin.

Palissages. — Le palissage des vignes subit en ce moment une véritable transformation : les échalas et les traverses sont avantageusement remplacés par un, deux et jusqu'à trois fils de fer, tendus sur des pieux éloignés de 6, 8 et 12 mètres. Ce remplacement, commencé depuis vingt-cinq ans, par M. Colignon, d'Ancy, s'est étendu, surtout depuis quelques années ; outre sa grande économie et sa longue durée, ce palissage oblige à remettre ou à tenir toujours les vignes en lignes, ce qui est la première condition de la surveillance, de la bonne tenue, de la bonne aération, de la bonne insolation et de la bonne culture des vignes. Toutes les vignes *sont plantées en lignes ;* toutes celles de franc pied *restent en lignes;* mais la plupart des vignes provignées *perdent tout alignement;* toute la Bourgogne, toute la Champagne et bien d'autres provinces vignobles présentent cette mauvaise disposition, que les palissages feront bientôt disparaître; ce sera là un grand progrès.

Cultures du sol. — Les cultures à main d'homme tendent à être remplacées par les cultures aux animaux de trait partout où ces dernières cultures sont praticables; c'est là un immense avantage, moins encore par l'économie que par la rapidité des façons données et par l'opportunité de leur exécution. Un cheval attelé à une houe peut, sans fatigue, biner deux hectares par jour; attelé à une charrue à double soc, il laboure un hectare en un jour et remplace ainsi vingt-quatre hommes. L'observation et l'expérience ont montré, depuis six ans, que les cultures à plat conviennent infiniment mieux à la vigne que les cultures tourmentées, en chaussage, déchaussage, billons, mottes, fossés, etc. Il est également démontré que les cultures superficielles et multipliées valent mieux que les cultures profondes.

Provignages. — La perpétuation des vignes par le provignage exige des dépenses considérables et n'arrive point à leur conserver une fécondité suffisante; toutes les vignes jeunes et de franc pied, assolées à vingt-cinq, trente et quarante ans, maintiennent une fertilité plus que double avec moins de frais. Le Beaujolais, le Languedoc, la Lorraine, Chablis, prouvent cette vérité qui se répand et fait des prosélytes, parce que le provignage exige beaucoup de main-d'œuvre et que la main-d'œuvre fait de plus en plus défaut. Mais, outre le provignage de perpétuation, il y a le provignage d'entretien : par exemple, la Lorraine assole ses vignes à vingt-cinq ou trente ans, et elle commence les provignages à douze ans; le Languedoc, le Beaujolais provignent pour remplacer les ceps morts seulement, et leurs vignes sont assolées à vingt-cinq et trente ans ; aussi la tendance est à remplacer par des plants enracinés, comme le fait le Médoc de temps immémorial ; c'est là un moyen progressif qui rajeunit la vigne et entretient sa fécondité, mieux et à moindres frais que le provignage.

Fumures. — Autrefois on fumait la vigne à plat ou autour du collet du cep, ou bien en provignant ; la tendance progressive est d'ouvrir un sillon profond entre deux lignes et d'y enfouir le fumier.

Choix des cépages. — Depuis quelques années, le funeste entraînement vers la plantation des cépages d'abondance, à jus grossiers, paraît diminuer ; tous les bons viticulteurs, on peut dire tous les viticulteurs intelligents et prévoyants, recherchent et plantent les cépages à vins fins, ou à vins de bonne qualité et surtout solides, sachant fort bien que, par une taille généreuse et appropriée, ces bons cépages leur donneront à la fois quantité et qualité. C'est ainsi que les pineaux, les carbenets-sauvignons, les savagnins, les petits gamais du Beaujolais, la mondeuse, la petite syra, sont demandés et propagés partout. M. le comte de la Loyère a fourni, à lui seul, 7 à 800,000 boutures de pineau noir depuis cinq ans ; c'est ainsi que M. Massé produit, près de Bourges, des vins de carbenet-sauvignon délicieux, couronnés à cette même Exposition Universelle. M. Bouscasse, dans la Charente-Inférieure, fait de très-bons vins avec le même cépage ; M. Frédéric Cazalis vient de planter, dans l'Hérault, plusieurs hectares de pineau, de carbenet et de syra ; M. Gaudais, M. Jaumes, à Nice, M. Riondet, à Hyères, M. de Galbert dans l'Isère, à son domaine de la Buisse, etc., plantent également ces fins cépages. Le retour aux vins bons et solides est assuré : c'est là un immense progrès.

Maladies de la vigne. — Les gelées de printemps sont aujourd'hui conjurées par les longues tailles ou par le sarment de précaution, temporairement laissé aux courtes tailles; la coulure est en partie conjurée par le pincement et par l'incision annulaire : l'oïdium, la plus grande maladie de la vigne, est vaincu par le soufre. La découverte du mal et l'indication de son remède sont dues aux horticulteurs anglais; leur étude et les premières applications du soufre, en France, appartiennent à la Société Impériale et Centrale d'horticulture; MM. Duchartre, Hardy ont fixé les faits expérimentalement; MM. Gonthier, Forest et autres les ont fait rayonner pratiquement. Sur ces premières indications, M. de la Vergne, dans la Gironde, s'est constitué le meilleur applicateur des soufrages, d'abord dans son vignoble; puis l'apôtre actif, intelligent, généreux, écouté et applaudi dans la plupart des départements atteints ou menacés; c'est ce qui lui a bien mérité la haute distinction qui lui a été accordée. Dans un autre sens et à des points de vue différents, M. Marès, dans l'Hérault, s'est occupé avec succès des soufrages.

Le dernier mot est-il dit sur le mode d'emploi du soufre? Non. Les persulfures dissous dans l'eau, projetés par les appareils pulvérisateurs de M. Salles-Girons, ou même avec les pompes de jardins; la sublimation directe du soufre dirigé en vapeur contre le mal, préparée par M. Breteau, promettent des résultats encore plus sûrs et plus économiques que la simple projection du soufre en poudre.

Un fait intéressant vient de se produire à Billancourt : Tous les ceps importés de l'Aude, au mois de mars, et sans végétation, se sont couverts d'oïdium vers le milieu de juin, tandis qu'aucune trace du mal ne s'est montrée sur les autres cépages, tous du Centre et du Nord. Les ceps du Midi ont donc apporté avec eux l'oïdium.

Travailleur intéressé aux fruits. — L'emploi des animaux de trait, opposé à la rareté et à la cherté de la main-d'œuvre, serait tout à fait insuffisant pour remédier au mal;

car la main-d'œuvre, à la journée et à la tâche, devient paresseuse, négligente, malveillante même; elle ne livre que son élément mécanique, dans la moindre proportion possible. Quant à l'élément intellectuel et dévoué (le plus productif des deux), elle ne le livre point, faute d'intérêt, au produit; aussi la tendance générale est-elle aujourd'hui d'accorder au vigneron, outre son salaire journalier ou de tâche, une prime en argent ou une part dans le fruit, proportionnée au taux de la production brute; c'est là un progrès considérable qui double le travail utile. Mais ce n'est point assez : partout où le métayage de la vigne seule est possible, par trois hectares si les façons sont à la main, par cinq hectares si les labours sont faits à l'aide d'animaux de trait, une famille devrait être attachée à leur culture, au tiers ou à moitié fruits, avec logement et petit jardin : ici un double avantage serait réalisé : l'augmentation des produits par l'intérêt, et l'accroissement de la population, qui donne au sol et aux produits une valeur proportionnée à cet accroissement.

La tendance est aussi d'ajouter la culture de la vigne là où elle peut prospérer, aux métairies et aux petites propriétés; car l'observation des faits établit nettement, dans les Landes, la Savoie, la Haute-Saône, le Jura, Saône-et-Loire, l'Allier, la Provence, le Rhône, la Suisse, etc., que cette adjonction en double l'aisance et le prix de location. La vulgarisation de ces constatations a déjà déterminé le mouvement d'adjonction de la vigne aux cultures fermières.

Vendanges. — Les vendanges sont de plus en plus chères et de plus en plus difficiles à opérer, toujours par la rareté et la cherté croissantes de la main-d'œuvre; leur amélioration reste à l'état de problème; toutefois, la coutume de loger, de nourrir et d'engager les mêmes vendangeurs est bien plus humaine et plus profitable que celle qui domine depuis quelque temps: celle d'aller en engager de nouveaux tous les jours, à trois ou quatre heures du matin, sur la place publique. Les déprédations et les grèves mettront un terme à cette pratique barbare. Les bans de vendange et de grapillage tendent à disparaître complètement, c'est là le seul progrès à signaler.

Foulages, pressurages, cuvages. — L'emploi et la construction des cylindres cannelés, destinés à fouler les raisins, s'améliore et se vulgarise; les pressoirs ont subi de grands perfectionnements, tant dans leur mécanisme de pression que dans l'usage des galeries à maintenir les marcs et dans celui des claies et des drains interposés pour faciliter l'écoulement rapide des jus.

Mais c'est surtout à l'égard des cuves et des cuvaisons que les questions se sont nettement posées depuis ces dernières années : — Doit-on cuver les vins rouges à cuve ouverte ou à cuve fermée ? — Dans les cuves fermées, les appareils condensateurs ont-ils une valeur réelle ? — Doit-on cuver à marc flottant, à marc plongeant ou à marc étagé ? — Doit-on borner la cuvaison au temps de la grosse fermentation tumultueuse et tirer les jus troubles et chauds ? — Doit-on la prolonger seulement jusqu'à ce que le vin soit clair et froid, ou bien lui faire subir, avec les marcs, une macération de plusieurs semaines et même de plusieurs mois ? — Doit-on mêler aux vins tirés directement de la cuve les vins obtenus par le pressoir? La comparaison de tous les procédés de cuvaison appliqués aux vins fins, ordinaires et communs semble aujourd'hui donner encore, comme la meilleure, la solution suivante :

Fouler les raisins avant de les mettre en cuve; emplir la cuve en un jour jusqu'à 30 centimètres de son bord supérieur ; égaliser la surface et ne plus fouler à la cuve ; cuver en cuve ouverte, recouverte d'une simple toile d'emballage ; tirer le vin de la cuve aussitôt que la première fermentation tumultueuse commence à s'apaiser, c'est-à-dire trouble et chaud, achevant sa fermentation au tonneau; presser le marc sans délai, et répartir les vins du pressoir en proportions égales dans les vins de la cuve, telle est la méthode, autrefois la plus générale, à laquelle on semble revenir et qui donne les vins les plus généreux, les plus parfumés, les plus brillants et les plus solides; mais il semble aussi que la cuvaison en cuves fermées, à marc plongeant et à marc étagé, diminue les chances d'acétification du vin.

L'expérience a démontré que plus la chaleur de la fermentation est élevée dans le marc, plus l'opération se complète promptement, plus le vin a de spiritueux, de couleur et de durée. C'est pour obtenir ce résultat que dans les bons vignobles on ne met en cuve que les raisins chauffés par le soleil; qu'on emplit la cuve en un jour et qu'on tient les celliers clos et chauds.

Dans les mauvaises années on active la fermentation en versant des moûts chauffés dans la cuve, ou bien en faisant passer, dans son intérieur, des thermosiphons à eau ou à vapeur. Un des bons moyens conseillés, dans ces derniers temps, par M. Ladrey, consiste à préparer un levain, en choisissant les meilleurs raisins et en les faisant fermenter dans une cuve à part dans un lieu chaud. Une portion de ce levain mêlée aux autres cuves en détermine promptement la fermentation.

Conservation des vins. — La conservation des vins a été l'objet de grandes préoccupations. Le chauffage pratiqué au hasard depuis longtemps, appliqué sérieusement par Appert, étudié et expérimenté avec soin et au point de vue pratique par M. de Vergnette-Lamotte, puis enfin approfondi scientifiquement par M. Pasteur, qui lui a attribué un rôle rationnel, celui de tuer les micodermes et leurs gemmes, n'est pas encore admis comme excellent ni comme bien précis dans ses effets; mais il a au moins le mérite d'être, hygiéniquement, parfaitement inoffensif.

Il n'en est pas de même des plâtrages. Les eaux plâtreuses ou séléniteuses sont repoussées de la consommation comme malsaines par les populations les plus pauvres, alors que la nature les leur donne pour rien; il est impossible de comprendre comment les vins, rendus plâtreux et séléniteux, acquièrent légitimement la faculté, le droit de leur être vendus! C'est là un secret de commerce.

La conservation des vins par les alcools rectifiés est beaucoup plus redoutable et plus dangereuse. Les alcools rectifiés sont des produits chimiques fixes qui n'ont plus rien d'alimentaire, mais qui conservent toutes leurs propriétés abrutissantes et vénéneuses, comme l'éther, le chloroforme, l'opium, etc. C'est là une vérité reconnue et couronnée par l'Académie des sciences. Le vin est très-alimentaire; l'eau-de-vie, distillée au degré potable, est encore alimentaire; les esprits rectifiés ne le sont plus du tout et ne peuvent reproduire ni l'eau-de-vie ni le vin. Si cette vérité, établie par la science et l'observation, est méconnue, c'est encore là un des secrets de commerce.

Distillation et lavages. — La distillation des eaux-de-vie au degré potable (50 à 55 degrés centésimaux) a été reconnue, dans ces derniers temps, comme donnant des produits sains et supérieurs en goût et en arome aux eaux-de-vie distillées à 60 et à 75 degrés. Cette réforme, approuvée et primée par l'Exposition Universelle de 1867, intéresse les deux Charentes, l'Armagnac et presque toute la France vignoble. Mais, pour obtenir et garder toutes ces qualités à l'eau-de-vie, elle suppose une autre amélioration qui a fait grand bruit; c'est: 1° d'extraire les moûts des marcs à vins blancs par leur lavage immédiat; 2° d'étendre d'eau les moûts des vins à distiller jusqu'à les abaisser à 6 ou 7 degrés du glucomètre pour obtenir la conversion immédiate de tout le sucre en esprit par la fermentation en lieu chauffé au-dessus de 15 degrés. La première fermentation, paraît-il, ne convertit que 6 à 7 degrés de sucre; le surplus est une perte en eau-de-vie et une cause d'altération de l'eau-de-vie à la distillation.

Emploi des marcs à la nourriture du bétail. — Pour

clore cette longue série des améliorations en voie d'accomplissement dans la viticulture, il reste à signaler l'emploi des marcs de raisin à la nourriture du bétail. Soit qu'il ait été lavé, soit qu'il ait passé à la chaudière, le marc de raisin est un aliment excellent. Il est également bon pour les moutons, pour les cochons, pour l'espèce bovine, pour les ânes, les mulets et même les chevaux. Il suffit, pour le conserver, de le tasser fortement dans des cuves en bois ou en briques, ou simplement dans des fosses ou dans des silos; il se conserve mieux lorsqu'il est disposé par couches de 15 à 20 centimètres, sur chacune desquelles on répand 150 grammes de sel par mètre carré. Nous avons vu les meilleures dispositions prises à cet égard, en 1863, chez M. Molines Ducros et chez M. Causse-Nègre, grands propriétaires; dans le Gard, chez M. Bouscasse, et chez M. de Chassiron, sénateur, grand propriétaire, dans la Charente-Inférieure; mais il est acquis partout, aujourd'hui, que le marc de raisin est une nourriture saine pour toute espèce de bétail. La France produit 25 millions de quintaux métriques de marc qui peuvent engraisser, pour moitié de la nourriture, 3,250,000 têtes de gros bétail; créer ainsi 162 millions de kilogrammes de bonne viande, la quinzième partie de la consommation, et 8 millions de mètres cubes de fumier, moins la paille, pouvant entretenir 400,000 hectares de terre en bon engrais, la centième partie du sol cultivable.

Il sera facile de comprendre, par ce dernier aperçu, quelle importance peuvent atteindre l'étude, la description et la vulgarisation des meilleures pratiques adoptées dans la viticulture de chaque pays; et personne ne sera surpris qu'elles aient fixé l'attention et appelé depuis longtemps l'intérêt du gouvernement. C'est donc ici le lieu et l'occasion de rendre au Ministère de l'agriculture l'éclatant hommage qui lui est dû; depuis bientôt sept ans, le gouvernement a fait étudier, comparer et vulgariser toutes les méthodes, tous les procédés de viticulture et de vinification des différents vignobles de France; et, avec une prudence qui portera ses fruits, il a ainsi préparé et posé les bases positives de leur enseignement mutuel, et assuré, par leurs propres exemples, leur marche progressive et prospère.

Déjà la vive intelligence des viticulteurs français a mis à profit cette puissante impulsion; déjà les questions se posent nettement; déjà leurs solutions se dégagent et la lumière jaillit des pratiques traditionnelles ou des pratiques nouvelles, largement et logiquement expérimentées sur tous les points de la France.

[illegible]

TABLE DES MATIÈRES

Paris — Imprimerie Paul Dupont, 41, rue J.-J. Rousseau. (1.8.9)

www.ingramcontent.com/pod-product-compliance
Lightning Source LLC
Chambersburg PA
CBHW061017280326
41935CB00009B/1005